# Raymond Gravel

LE DERNIER COMBAT

Carl Marchand

# Raymond Gravel

LE DERNIER COMBAT

## Les Éditions du CRAM

1030, rue Cherrier, bureau 205
Montréal (Québec) Canada  H2L 1H9
Téléphone : 514 598-8547
Télécopie : 514 598-8788

www.editionscram.com

Conception graphique
### Alain Cournoyer

Photo de couverture  : © Daniel Guérin

Photo de l'auteur : © Myriam Gilles

Dépôt légal – 1er trimestre 2015
Bibliothèque et Archives nationales du Québec
Bibliothèque nationale du Canada

Copyright 2015 © Les Éditions du CRAM

Gouvernement du Québec — Programme de crédit d'impôt
pour l'édition de livres — Gestion SODEC.
Nous reconnaissons l'aide financière du gouvernement du Canada
par l'entremise du Fonds du livre du Canada pour nos activités d'édition.

Catalogage avant publication de Bibliothèque et
Archives nationales du Québec et Bibliothèque et Archives Canada

Marchand, Carl, 1983-
    Raymond Gravel : le dernier combat
    (Portrait)
    ISBN  978-2-89721-095-3
    1. Gravel, Raymond, 1952-2014. 2. Église catholique - Clergé - Biographies. 3. Prêtres - Québec (Province) - Biographies. 4. Députés - Québec (Province) - Biographies. I. Titre. II. Titre : Dernier combat. III. Collection : Portrait (Éditions du Cram).
BX4705.G722M37 2015 282.092    C2015-940000-7

Imprimé au Canada

*À ces raconteurs et ces raconteuses d'histoires,
qui traversent des temps d'incertitudes et de doutes.*

# Prologue

« J'ai besoin que le monde m'aime. » Voilà, c'est dit… Après neuf mois d'entretiens et de rencontres, Raymond Gravel laisse tomber cette toute petite phrase. Si quelques mots suffisaient à le définir, ce serait ceux-là: ce besoin d'amour viscéral, profond, est à la base de sa personnalité et constitue l'objet de sa quête existentielle.

La journée est étonnamment fraîche pour juillet. L'abbé Gravel me reçoit, allongé sur un lit d'hôpital, qui a fait depuis peu son apparition dans la salle de séjour. Signe du temps qui passe et de celui qui reste, la chaise berçante, où je l'ai vu se balancer si souvent lors de nos entretiens, restera désormais vide. Il y a deux semaines à peine, l'homme a été hospitalisé et a sérieusement frôlé la mort. Il doit maintenant s'allonger plus souvent qu'à son tour sur ce lit austère. Impossible de combattre l'épuisement comme avant : il dormait à mon arrivée.

S'il y a une chose que la maladie n'a pas changée chez lui, c'est bien cette soif de communiquer, de discuter pendant des heures. Or, quand vient le temps de parler de lui-même, Raymond Gravel se transforme en homme de peu de mots. Comme si ce n'était pas important. Comme s'il n'en valait pas la peine. Je me suis souvent demandé, en l'écoutant, ce qu'il serait devenu s'il était né une génération plus tard. Ses sermons en chaire auraient peut-être pris une autre forme. Politicien de carrière, homme de scène, motivateur, ou même journaliste pour la télévision : il aurait sans aucun doute exercé un métier lui permettant de capter l'attention des foules. Après tout, si tant de gens l'écoutent, c'est peut-être parce qu'il a quelque chose d'intéressant à raconter.

Il y a dix mois, on lui diagnostiquait un cancer des poumons à un stade très avancé. Un carcinome à petites cellules, le type de cancer le plus agressif qui soit. La maladie s'était propagée, atteignant d'autres parties du corps, avant d'être découverte. Des métastases rongeaient ses os. Son premier médecin lui donnait de trois à six mois. L'abbé Gravel, piqué au vif, a déjoué la prédiction. Il peut au moins se targuer d'avoir arraché plus de temps à la vie que ne lui en accordaient les statistiques.

Faut-il s'en surprendre ? Devait-on s'attendre à autre chose de cet homme têtu, incapable d'accepter de se faire dire quoi faire ? Raymond Gravel n'a jamais rien fait comme les autres. Même aujourd'hui, malgré cette fatigue continuelle, malgré l'épuisement engendré par des mois de combat, Raymond Gravel n'est pas inactif pour autant. À l'annonce de sa maladie, il a entrepris d'aller célébrer la messe, au moins une dernière fois, partout où il avait exercé son ministère. Plus tôt dans la journée, il s'est rendu à Mascouche. Il aura fallu deux célébrations pour que tous les fidèles puissent entendre sa parole. Le célébrant s'est ensuite rendu dans une fête donnée en son honneur. La journée est loin d'être terminée. En soirée, il retournera à Mascouche pour aller célébrer des funérailles. Bien que ses traitements de chimiothérapie reprennent le lendemain, l'abbé Gravel a été incapable de refuser. La défunte le connaissait. Quand j'objecte qu'avec ses traitements, il serait excusable qu'il passe son tour, il me répond simplement que « c'est pour rendre service ».

Les gens sont exigeants à l'égard des prêtres. Alors que la mort planait sur sa propre tête, Raymond Gravel a reçu plusieurs demandes pour célébrer des funérailles... Ce doit être ça, la rançon de la gloire pour un prêtre. Ce paradoxe, Raymond Gravel le vit aussi de l'intérieur. Comme une cassure entre l'âme et la chair. En même temps que son corps lui demande d'arrêter, son esprit, lui, a besoin de ce contact avec les autres pour se nourrir.

Lors de notre première rencontre, il devait déjà se résigner à ralentir. C'était en octobre 2013, alors que je travaillais pour *La Presse*. La nouvelle de son cancer avait fait la manchette dans plusieurs médias. Au même moment, le projet de loi *Mourir dans la dignité*, qui visait à légaliser l'aide médicale à mourir, faisait l'objet de débats parlementaires à l'Assemblée nationale. Ninon, une collègue vidéaste, m'avait accompagné à Joliette pour recueillir les propos de Raymond Gravel. Cette journée-là, pendant de longues minutes, voguant entre doutes et certitudes, l'homme d'Église nous avait parlé sans gêne et sans pudeur de son état, de la vie qui file à vive allure, de la mort. En plus d'encaisser le diagnostic, le prêtre était aussi contraint d'apprendre mille et une choses, comme le fait de recevoir l'aide de son ami, Gizem, qui a accepté de venir vivre avec lui. Depuis, le musulman d'origine turque veille sur le malade comme une ombre, aussi discret que l'abbé Gravel est volubile. Il conduit le prêtre à ses activités professionnelles et l'emmène à l'hôpital.

Dès ce premier entretien, la richesse des réflexions de cet homme particulier m'a interpellé. Peut-être parce qu'il se montrait digne et serein dans l'épreuve et qu'il était capable de se tenir debout sans vouloir tout casser. Peut-être aussi parce que la mort est un sujet universel, ultime source d'égalité entre tous. Je me suis dit que cette histoire pourrait apporter du réconfort à ceux qui traversent une épreuve, quelle qu'elle soit. Alors que le quotidien des journalistes est souvent constitué de faits et de chiffres, je vivais une expérience liée à la condition humaine, riche d'enseignements.

On est malade et on meurt comme on a vécu, dit l'adage. Quand le verdict de la mort tombe, quand le décompte s'amorce, les masques ne peuvent plus tenir. Impossible de mentir. C'est là que l'on voit ce que quelqu'un a dans le ventre. Comment rester sain d'esprit face à l'annonce de sa propre fin ? Comment arriver à son dernier souffle dans la sérénité ? Pris au cœur de cette tempête qui s'abat sur lui, l'abbé Gravel trouvera-t-il des réponses dans la Bible ?

Dans l'arrière-cour de la petite maison, rue Champagne, à Joliette, la Sainte Vierge veille. Trônant sur son socle, sa statue surplombe le flot de la rivière L'Assomption. Une autre représentation de la mère de Jésus, plus petite, celle-là, se retrouve également à l'intérieur, dans la salle de séjour. De son regard, elle protège Raymond Gravel lorsqu'il s'allonge sur le canapé, rongé par la fatigue. La mère du Christ a une grande valeur aux yeux de l'homme d'Église, qui lui a consacré sa deuxième maîtrise, celle en interprétation de la Bible.

Malgré sa résilience et ses convictions, l'abbé Gravel est d'abord et avant tout humain, et dans cette tempête, il se retrouve à égalité avec ses ouailles. Sa connexion avec le

Bon Dieu ne lui confère pas de laissez-passer et c'est rongé par les mêmes doutes et les mêmes peurs que le commun des mortels qu'il vit cette épreuve. La Bible peut bien raconter ce qu'elle veut. L'icône qu'elle a forgée de Marie, la mère de Jésus, se trouve à des lieues de la réalité. Et Raymond Gravel, lui non plus, n'est pas une icône.

# Le verdict

**29 octobre 2013**

*J'étais dépourvu quand j'ai su que j'avais le cancer,*
*parce que tout ce que j'ai appris dans la vie,*
*c'est de travailler et là, je ne pouvais plus.*
*Je ne savais plus quoi faire et je me suis mis à pleurer.*

Q uand nous visitons l'abbé Raymond Gravel pour la première fois, le projet de loi no 52, concernant les soins de fin de vie, est alors à l'étude à l'Assemblée nationale. Le projet de loi *Mourir dans la dignité*, tel qu'on le surnomme, est piloté par la ministre déléguée aux Services sociaux et députée de Joliette, Véronique Hivon. Réputé pour ne pas avoir la langue dans sa poche, Raymond Gravel aura fort probablement des choses intéressantes à dire là-dessus, d'autant plus que maintenant, la question l'interpelle personnellement.

Avec une voix déjà éraillée, l'abbé Gravel enfile les phrases à un rythme qui ne laisse rien voir de son mal. Le soleil qui réchauffe cette journée d'octobre nous permet de nous installer dehors pour discuter. À quelques pas de là, ses rayons se reflètent sur la rivière L'Assomption. Voilà trois ans que l'abbé Gravel demeure dans cette petite maison, achetée grâce à un héritage laissé par son père et aux économies accumulées lors de son mandat de deux ans comme député de Repentigny à la Chambre des communes à Ottawa. Pourquoi ne pas avoir regardé cette rivière avant ? La logique d'hier ne tient plus aujourd'hui. « Je me disais tout le temps : je ferai ça quand je serai plus vieux. Mais c'est quand, ça ? Peut-être que je ne serai jamais vieux. » À soixante ans, bientôt soixante et un, l'homme se dit prêt à vivre un autre demi-siècle encore. Mais il n'est pas maître du temps qui lui reste. Près de deux mois ont passé depuis son diagnostic. Il mesure l'ampleur de ce qu'il risque de perdre, la valeur des petites choses. Lui, allergique au froid, anticipe même la saison froide avec enthousiasme.

Nous discutons longuement de l'apparition de sa maladie, de la colère, de la tristesse. Je demande à ce croyant s'il voit la volonté de Dieu dans ce qu'il lui arrive. Non, me répond-il. Il ne faut pas chercher un sens profond dans ce qui nous frappe. La maladie et l'épreuve ne sont pas, à ses yeux, une forme de justice rendue pour les fautes commises antérieurement. Il n'y a pas de retour du boomerang pour nous faire payer quoi que ce soit. Cette conviction, l'abbé Gravel la base d'abord sur les enseignements du Nouveau Testament. «Dieu nous veut vivants», ajoute-t-il, simplement. Il enchaîne avec le septième chapitre de l'Évangile selon Luc. Dans ce passage, à des apôtres qui souhaitent avoir une plus grande foi, Jésus réplique qu'il en faut très peu : la grosseur d'un grain de moutarde. Puis, il raconte la parabole du serviteur inutile : l'employé qui a passé la journée aux champs ne doit pas s'attendre à ce que son maître l'invite à le joindre à table pour le repas. Il doit d'abord servir son maître avant de manger à son tour. «Le maître doit-il de la reconnaissance à ce serviteur parce qu'il a fait ce qui lui était ordonné ? Vous de même, quand vous avez fait tout ce qui vous a été ordonné, dites : nous avons fait ce que nous devions faire», disent les Écritures. J'écoute avec intérêt l'abbé Gravel qui précise : «N'attendez rien de la vie. C'est *rough*, mais ça t'aide à comprendre que ce n'est pas parce que t'es bon et que t'es fin que tu vas avoir des cadeaux spéciaux. La vie peut être aussi dure avec toi qu'avec le pire des bandits. Même, parfois, je pense qu'elle l'est plus encore.» C'est un enseignement difficile à recevoir, mais une fois le choc encaissé, l'épreuve devient moins dramatique. Le malheur est impersonnel et il frappe, un jour ou l'autre, un point c'est tout.

De la colère, l'abbé Gravel avoue en avoir ressenti lors de l'annonce de son cancer, mais pas longtemps, assure-t-il. Une semaine, tout au plus. Lui qui a accompagné les gens dans la maladie et la mort toute sa vie se dit prêt. La résignation, l'acceptation, il a souvent été témoin du cheminement des fidèles, contraints de passer à travers ces étapes. Ce calme s'effrite devant l'idée de la souffrance. Car si ses médecins lui ont assuré qu'il ne souffrirait pas au moment de sa mort, ils ne pouvaient pas lui promettre une fin de vie sans douleur. Les traitements de chimiothérapie lui ont déjà bien fait réaliser la souffrance à laquelle il sera exposé : «J'ai un peu de misère avec ceux qui, du haut de leur chaire, décident pour les autres. Quelqu'un m'a déjà dit que Dieu condamnait ceux qui se suicident. Je lui ai répondu que j'étais croyant et que si jamais ça m'arrivait, je m'arrangerais avec Dieu l'autre bord.» C'est cette peur de la souffrance qui lui a fait changer son fusil d'épaule sur la question de l'aide médicale à mourir. Il se dit maintenant en faveur du droit de réclamer la mort pour une personne dans un état de déclin irréversible : «Je suis convaincu que si je demande de l'aide pour mourir, Dieu va m'accueillir les bras ouverts, comme un parent avec son enfant. Si une personne lucide décide qu'elle ne peut plus vivre, je pense qu'il faut l'écouter. J'aimerais qu'on me respecte si j'en arrive à ça.» Dans la maladie comme dans la santé, Raymond Gravel, guidé par sa conscience, n'hésite pas à prendre une position contraire à celle de l'Église. Mais quelle image se fait-il de l'après-vie? D'abord, s'il souhaite et désire qu'il y ait une autre forme de vie après la mort, il n'en est pas certain : « Les athées disent que les croyants ne veulent pas voir la réalité et qu'ils se réfugient dans la religion, mais ce n'est pas vrai. J'ai les mêmes doutes qu'un athée et je n'ai aucune certitude. C'est simplement un pari que tu fais. » Pour préciser sa pensée, l'abbé Gravel cite l'écrivain Doris Lussier : « *La foi, ce n'est pas un savoir, c'est être*, disait-il. Je suis croyant, c'est tout. Si j'ai à savoir quelque chose, je le saurai comme vous autres. S'il n'y a rien après, je vais être obligé de m'y faire. La foi, c'est de l'espérance, c'est juste ça. »

Après le tournage, Ninon et moi retournons à Montréal. Notre reportage ne verra jamais le jour, faute de place dans l'édition du lendemain. Nous étions officiellement trop en retard sur la concurrence. Trop *off* en langage de nouvelles. C'était peut-être un mal pour un bien. Certains sujets méritent qu'on leur accorde plus que quelques centaines de mots. C'est cette journée que l'idée de suivre l'abbé Gravel tout au long de sa lutte contre le cancer s'est installée.

# Les traitements

## 17 et 25 novembre 2013

*Ça me déprime, les traitements. On a beau dire que ce sont des médicaments, c'est aussi du poison. Ça tue les bonnes, comme les mauvaises cellules. Je vais être à terre toute la semaine.*

Après notre première rencontre avec l'abbé Gravel, nous souhaitons rapidement aller plus loin avec cette histoire. Encore faudra-t-il qu'il accepte. Ma collègue Ninon et moi lui donnons rendez-vous un dimanche de novembre, alors qu'il célèbre la messe à l'église Saint-Pierre-Apôtre à Montréal, en plein cœur du Village gai. Le Village, c'est un peu son deuxième chez-soi après la région de Lanaudière. Même une fois ses vœux prononcés, il n'était pas rare de le voir dans l'un des bars du quartier en train de prendre un verre.

À notre arrivée, nous nous entretenons avec le bedeau sur les conditions à respecter pour pouvoir filmer la cérémonie. Pas d'images de la foule de face, seulement de dos, afin de ne pas identifier les fidèles. «C'est plus accepté d'être homo que d'être catho dans certains milieux», lance le bedeau en s'esclaffant. Les temps changent. Dans la sacristie, l'abbé Gravel se prépare à célébrer la messe. À travers les caisses de sonorisation et les équipements, nous arrivons à trouver un endroit calme pour l'entrevue. Nous échangeons brièvement sur son état de santé, mais les cloches sonnent et il doit partir. Il ne sait alors rien de notre projet. Pour documenter son combat, il nous faudra le suivre dans le plus grand nombre d'endroits possible, allant même jusqu'à filmer ses traitements s'il accepte. Y a-t-il une bonne manière de demander à un malade si l'on peut capter les moments les plus difficiles et les plus intimes de sa vie? Rassemblant tout notre courage, nous abordons le sujet après la célébration. L'abbé nous prend de court, désarmant de simplicité : «Si vous voulez filmer mes traitements de chimiothérapie, il va falloir faire vite. J'en ai la semaine prochaine et ce pourrait être mes derniers », lance-t-il.

Une semaine plus tard, nous voilà de retour chez lui pour discuter avant qu'il ne reçoive ses traitements. Novembre a des allures d'hiver. Dans la maison, l'abbé Gravel chauffe son poêle à bois sans relâche pour parer à sa sainte horreur du froid. Son moral est affecté par ce qui l'attend : les traitements de chimiothérapie sont durs, mais ils font effet. Pour preuve, l'abbé Gravel n'a plus à prendre de morphine pour calmer la douleur, lui qui commençait à avoir mal aux os. «Je ne me fais pas d'illusions, précise-t-il. Mon cancer est très difficile à soigner.» Voilà maintenant trois mois que l'abbé Gravel a reçu son diagnostic. C'est le temps qu'on lui donnait à vivre s'il ne se soumettait pas à la chimiothérapie. Raymond Gravel a accepté les traitements et l'homme qui fumait depuis quarante-neuf ans a écrasé. Il ne lui reste tout de même que trois autres mois à vivre selon les statistiques. «Je peux atteindre une rémission, mais pas nécessairement guérir. C'est possible que le cancer ait diminué. S'il disparaît, je vais organiser un gros party et vous inviter», lance-t-il, un grand sourire aux lèvres. Sans le savoir, il vient de me fournir une phrase que je lui servirai à quelques reprises dans le futur lorsqu'il nous demandera combien de temps encore nous viendrions à sa rencontre : «Nous attendons votre party de guérison.» Une formule toute prête, oui, mais qui n'éclipse pas l'idée d'un scénario moins heureux. Sa mort pouvait aussi être l'une des fins de cette histoire.

Nous reprenons aussi la conversation là où nous l'avions laissée lors de notre première rencontre. Alors que l'abbé se balance sur sa chaise berçante, je lui parle de la rétribution, ce principe religieux qui accorde le ciel ou non selon ce qu'on a fait pendant sa vie. Je le questionne aussi sur l'existence de Dieu. «Lorsque les gens perdent un enfant, ou lorsqu'ils tombent malades, ils vont souvent dire : si Dieu existe, pourquoi a-t-il fait ça?» lui lancé-je. «Cette conception du salut de l'âme, qui passe par le sacrifice, la pénitence et la prière est très commune chez les catholiques plus âgés, réplique l'abbé Gravel, mais ce n'est pas ce que la Bible enseigne.» «Si le Christ nous a sauvés, poursuit-il, on n'a pas à se sauver. Tout ce qu'on a à faire, c'est d'accueillir ça. Ce n'est pas le sacrifice ni la pénitence qui nous sauvent. La charité, c'est ça que le Christ nous a demandé de faire.» «Ce n'est pas parce qu'on a été sauvés que ça nous épargne d'appliquer certaines règles», dis-je, pour le relancer. «Non, répond-il, mais on n'a pas à se faire souffrir. Jean-Paul II portait un cilice, une ceinture avec des clous. L'Opus Dei pense qu'il faut souffrir avec le Christ, mais il n'a jamais demandé ça. Il faut assumer les souffrances de la vie et essayer de les soulager, mais Dieu ne veut pas nous écraser.» Pour asseoir cette conviction, l'abbé Gravel me cite des exemples puisés dans le réel, notamment l'histoire de Lucille Teasdale, cette docteure qui a contracté le VIH alors qu'elle opérait un patient dans un hôpital ougandais. «Quelle a été sa récompense?», demande-t-il, sans attendre de réponse.

Pour mener sa bataille contre le cancer, l'abbé s'appuie sur sa connaissance des écrits bibliques et sur ses expériences passées. Son combat contre certaines positions dogmatiques de l'Église l'a endurci. Lui qui a défendu le mariage gai, l'ordination des femmes et le libre choix en matière d'avortement – tout en n'étant pas en faveur de l'avortement lui-même – s'est attiré les reproches de ses supérieurs à maintes reprises. Tristement, ce n'est qu'il y a huit mois que s'est concrétisé l'événement religieux qu'il a espéré toute sa vie : l'élection d'un pape progressiste, François, qui adhère grosso modo aux mêmes valeurs que lui. L'abbé Gravel n'a jamais sérieusement songé à défroquer, mais les règnes de Jean-Paul II et de Benoît XVI ont été éprouvants. Du pape François, il parle avec admiration. Le Saint-Père lui fournit de bonnes raisons : il a récemment demandé aux évêques de consulter les prêtres au sujet de l'accueil qu'ils font aux familles reconstituées, aux familles homoparentales et aux homosexuels qui désirent se marier : « C'est une ouverture sans précédent qui pourrait même changer la doctrine. Il y a encore des choses à faire dans l'Église et ça me donne le goût de continuer. J'espère que j'aurai la santé pour le faire. » Si François avait été élu au pontificat plus tôt, peut-être Raymond Gravel serait-il encore député. Élu lors d'une partielle dans la circonscription de Repentigny en 2006, il n'a porté les couleurs du Bloc Québécois que deux ans à la Chambre des communes. La droite religieuse canadienne lui avait reproché, entre autres choses, de défendre le docteur Henry Morgentaler, décoré de l'Ordre du Canada. Raymond Gravel, qui avait fait le saut dans l'arène politique avec la permission de son évêque, avait dû se retirer, cédant pour une rare fois à un ordre, alors que pesait sur lui la menace vaticane de perdre son ministère. Ce scénario était peut-être aussi une voie de sortie honorable pour celui que la politique fédérale et le fonctionnement rigide de la Chambre des communes n'avaient que très peu charmé.

Notre discussion pourrait durer encore longtemps, mais l'abbé doit se rendre à l'hôpital pour recevoir des traitements de chimiothérapie. Il monte dans le petit coupé que conduit Gizem. Accrochés au rétroviseur, deux chapelets se balancent : l'un chrétien, l'autre musulman. Pendant le trajet en voiture, c'est comme si les deux hommes oubliaient la présence de la caméra. Raymond Gravel commente la conduite de son ami. Ils parlent de tout et de rien. Enseignant dans une école secondaire, Gizem s'enquiert du prochain festival de patinage sur la rivière L'Assomption. Un groupe de ses élèves doit venir y participer.

> — Je vais les inviter chez nous pour un chocolat chaud. On pourrait même allumer un feu dans la cour. Chanter, dit-il à voix haute, laissant aller son imagination.
> — Ouais, mais il va y avoir de la neige. On ne pellette pas en arrière l'hiver, lui réplique le prêtre, un peu sèchement.
> — Oui, mais on va le faire. Je vais ouvrir un sentier. Hein ? ajoute le conducteur sur un ton insistant.
> — Oui. Ça ne me dérange pas.

Quel est ce *chez nous* ? Qui est ce *on* ? D'après ce que Raymond Gravel nous a confié, Gizem ne demeure avec lui que depuis le début de ses traitements. Force est de constater que la cohabitation date de bien plus longtemps. Il faudra approfondir la question.

Dans la salle de traitements de chimiothérapie, le calme règne. Bien que petite, notre caméra fait tache dans cet environnement. Le cancer possède mille visages que l'on ne peut pas soupçonner. Les patients installés dans les fauteuils de la salle de traitement sont pourtant comme vous et moi. Une douce luminosité, celle de la journée ensoleillée qui rayonne à l'extérieur, enveloppe la pièce. Blotti sous une petite couverture, l'abbé reçoit sa chimiothérapie par la voie d'une perfusion qui se rend jusqu'à son bras droit. Recroquevillé sur sa chaise, il nous parle un peu avant de se remémorer sa précédente série de traitements, reçue il y a trois semaines. Les infirmières étaient enjouées, raconte-t-il : l'une des patientes en était à sa dernière séance. «C'était vraiment beau de les voir», lance-t-il avant de fondre en larmes. «Je suis trop émotif», ajoute-t-il. Toujours tenaillé par les sanglots, le malade raconte sa discussion de la veille avec son médecin. «J'ai dit à mon docteur que je voulais vivre jusqu'à soixante-seize ans. Il m'a répondu que j'avais mis la barre haute», déclare-t-il, le visage incertain. Ce n'est pas un chiffre au hasard. Soixante-seize ans, c'est l'âge qu'avait son père, lors de son décès, il y a une douzaine d'années.

> — *Ce sera soixante-quinze ans et demi dans ce cas, dit l'infirmière pour le rassurer, tout en le taquinant.*
> — *Soixante-quinze et demi, répète-t-il, avant de porter une main à son visage pour cacher ses larmes.*

Peine perdue, la tristesse jaillit de tout son corps. «Je m'excuse», souffle-t-il. «Pas besoin de vous excuser, monsieur Gravel.» Quand les calmants commencent à faire effet, nous le laissons se reposer. Avec un peu de chance, il réussira à dormir un peu pendant les trois heures qu'il passera assis sur cette chaise.

# Noël

## 18 et 24 décembre 2013

*J'avais commencé à écrire un texte :*
*« Et si c'était mon dernier Noël »*
*et je n'ai pas été capable de le finir.*
*C'est trop dur. Je vais attendre.*

La vie d'un malade n'est pas toujours sombre. Vêtu de son uniforme d'aumônier, l'abbé Gravel, qui s'active parmi les pompiers du Service de sécurité incendie de Montréal, semble heureux comme un poisson dans l'eau. Nous assistons à la cérémonie qui souligne les actes de bravoure posés par les sapeurs lors de la dernière année. Raymond Gravel accompagne les pompiers de Montréal depuis 1994. Ce confident des moments troubles comme heureux a célébré leurs mariages et baptisé leurs enfants. Il en a accompagné sur le chemin qui menait à leur dernier repos. Il a soutenu les familles qui vivaient la perte de l'un des leurs.

Mais aujourd'hui, pas de tristesse dans l'air. «C'est ma meilleure semaine depuis qu'on m'a annoncé que j'avais le cancer», jubile l'abbé Gravel, en pleine forme. Les nouvelles sont en effet très bonnes : signe de l'efficacité des traitements, son dernier examen a démontré un recul d'environ soixante-quinze pour cent de ses lésions. La douleur qui rongeait ses omoplates et ses os a disparu et il n'éprouve plus de difficulté à respirer. Seule sa voix, toujours un peu rauque, tarde à retrouver son timbre habituel. Le prêtre nage en pleine confiance, ne se sentant plus malade. «Je suis mieux qu'avant, déclare-t-il. Je mangeais

mal, je dormais peu. Je fumais sans arrêt. Je me sentais diminué, parfois. »

— Vous ne faisiez pas une vie de curé finalement.

— Non. Je faisais une vie… Je ne sais pas. Je faisais une
vie d'homme d'affaires.

Il ne faut pas crier victoire pour autant. Le cancer qui
l'afflige est un mal subtil et dangereux. Il peut s'accrocher
à l'espoir d'une rémission, mais pas à celui d'une guérison
complète. Mais ce soir, rien de tout cela ne compte. Parmi
ses connaissances de longue date, Raymond Gravel se
promène, un sourire accroché en permanence au visage. Il
n'a pas prononcé de discours, mais ne peut échapper aux
nombreuses demandes de ceux et celles qui voudraient
une photo en sa compagnie. Ici, les gens l'aiment et l'apprécient. Son combat lui attire la sympathie des gens et
des accolades bienveillantes : les pompiers ne veulent pas
perdre leur aumônier : « Il y a plein de gens qui me disent
qu'ils prient pour moi. Ça doit être bon. La spiritualité et
l'aspect psychologique font partie de la guérison. Je pense
que c'est plus puissant que la médication. Il y a des gens
qui étaient condamnés à mort et qui, grâce à leur foi et
leur espérance, s'en sont sortis. » Mais cette fonction de
guide n'est pas toujours facile à porter : « C'est lourd, les
gens demandent toujours plus. Certains me demandent
de faire les funérailles d'un de leurs parents alors que je
suis malade moi-même. C'est difficile. Il y en a qui me
disent : "Voyons donc, vous avez toujours fait ça." Ils ne
s'en rendent pas compte. »

Le prêtre anticipe la période des fêtes avec enthousiasme. La veille de Noël, il célébrera la messe de minuit à la
cathédrale Saint-Charles-Borromée de Joliette, à quelques

minutes de sa maison. «Vous êtes les bienvenus, nous dit-il. Je vais essayer de livrer un message d'espérance aux gens à travers tout ça. C'est peut-être ma dernière messe de minuit. J'espère que non. Nous allons tous mourir un jour, mais je me sens un peu jeune pour partir. »

Dans la voiture, sur le chemin du retour, Ninon et moi convenons que nous ne pouvons pas manquer ce moment. Le vingt-quatre décembre, chacun de notre côté, nous prendrons la route pour nous rendre à la cathédrale de Joliette, laissant nos familles en plan quelques heures pour être témoin de la cérémonie.

———

La cathédrale est encore vide lorsque nous arrivons, mais elle ne tardera pas à se remplir. Dans la sacristie, l'abbé Gravel se prépare, l'air enjoué. La messe de minuit, c'est le plus gros *show* de l'année pour un prêtre, lui lancé-je. Il rigole, avant d'observer avec tristesse que plusieurs églises ne tiennent plus de célébrations à une heure aussi tardive. L'an dernier, il célébrait successivement, cette journée-là, quatre messes dans quatre paroisses différentes. Contraint de ralentir le rythme, il peut encore dire qu'il n'a jamais manqué une messe de minuit depuis qu'il est prêtre. La fierté résonne dans sa voix à l'évocation de cet accomplissement symbolique. Manquer à cette tradition lui aurait infligé une grande peine.

En chaire, l'abbé Gravel semble en plus grande forme encore. Il n'a rien perdu de ses talents d'orateur. Il dénonce l'interdiction du port des signes religieux mentionnée dans le projet de la Charte des valeurs que promeut le Parti québécois. Il est vrai que les débats entourant la Charte ont accusé quelques dérapages. En octobre 2013, en entrevue avec l'animateur de radio Paul Arcand, la metteure en scène Denise Filiatrault a notamment nié que des femmes puissent véritablement porter le voile islamique par choix, les qualifiant au passage de «folles». Elle s'excusera de ses propos quelques jours plus tard. Malgré ces tensions, l'abbé Gravel insiste sur les raisons de célébrer Noël, une fête à l'origine laïque qui soulignait le solstice d'hiver, la victoire de la lumière sur la nuit. Dans l'Empire romain, on faisait des feux de joie pour célébrer le retour de la lumière; aujourd'hui, on illumine maisons, rues et sapins, rappelle-t-il aux centaines de fidèles qui remplissent la cathédrale : «Il me semble que Noël peut et doit être célébré par tous ceux et celles qui croient qu'on peut s'aimer malgré nos différences, préserver notre dignité humaine et espérer un monde meilleur. La fête de Noël sera la victoire de la lumière pour les uns et la venue du Christ ressuscité pour les autres. Mais dans les deux cas, il s'agit d'une naissance.» À la fin de l'homélie, l'abbé Gravel sort du texte qu'il avait préparé, y allant d'une touche personnelle : «La vie, c'est important et il faut tout faire pour vivre. J'avais commencé à écrire un texte : *Et si c'était mon dernier Noël?* J'espère que non. J'espère en célébrer beaucoup d'autres. Je vous souhaite un très joyeux Noël.»

Après la célébration, une foule de fidèles l'encercle. Ils sont tous venus le voir et l'écouter. De vieilles connaissances, des amis, des gens qu'il a rencontrés au fil du temps, dans toutes les paroisses où il a officié. Raymond Gravel peut recevoir sa dose d'amour et d'affection. Il y a aussi cet homme, un peu bizarre, qui l'empoigne au bras pour lui dire à quel point il l'aime. Il ferme les yeux pour se mettre à prier à voix haute, demandant à Dieu de guérir Raymond. Un peu pris au piège, l'abbé se prête au jeu quelques instants avant de réussir à s'extirper. Après quoi, il retourne vers ses proches qui l'attendent. Une ancienne camarade de classe l'aborde, un sourire contagieux aux lèvres. Et si c'était son dernier Noël ? Cette nuit, ça ne compte pas le moins du monde. Le prêtre et ses proches regagneront la petite maison de la rue Champagne. La fête ne fait que commencer.

# Le froid

**27 janvier 2014**

*Gizem dit que j'ai les yeux vides, que j'ai perdu ma lumière.*
*Il essaie de m'aider pour que je retrouve l'étincelle.*
*Mais si je vais mieux, je vais revenir vite.*
*Je n'aime pas ça, être déprimé.*

C'est la première fois que nous revoyons l'abbé Gravel depuis la messe de minuit, il y a maintenant un peu plus d'un mois. Nous revoilà chez lui, en cette froide journée de la fin janvier, alors qu'il vient d'amorcer une autre série de traitements de chimiothérapie. Derrière la petite maison de la rue Champagne, la rivière L'Assomption est gelée. Le malade, lui, reste réfugié à l'intérieur. Cette belle énergie qui l'animait lors de la période des fêtes semble s'être épuisée, comme si le froid l'avait rongée. Sa voix est plus fatiguée, ses cheveux, plus clairsemés et grisonnants qu'il y a un mois. Janvier est glacial cette année. Un froid qui vous assaille, qui vous transperce le corps pour aller vous mordre jusqu'aux os : « Je me demandais si c'était amplifié par le fait que je suis malade, mais ils disent qu'on bat des records de froid. »

Alors que nous nous installons dans le salon, son chat se pointe le bout du nez. Il y a un an et demi, Pacha était un petit chaton errant; il miaulait à la porte de l'homme d'Église. Maintenant, il est devenu un gros matou. « Le matin, si je ne me lève pas pour lui donner de la nourriture, il miaule sans arrêt. Quand il veut jouer, il mord. Je hais ça, se plaint le maître. En tout cas, ça me fait une présence quand je suis tout seul. » Le chat va parfois se coucher avec lui, lorsqu'il s'allonge sur le divan dans les moments de fatigue pour profiter de la chaleur du poêle à bois.

L'abbé a goûté au cadeau de l'espoir renouvelé. Sa meilleure santé ne lui a pas fait oublier le cancer, mais elle lui a tout de même imposé une trêve, comme si la mort pouvait attendre. Mais aujourd'hui, le combat a repris de plus belle. Alors que les journées se font tranquillement plus lumineuses, le prêtre vit une période sombre, faite de doutes et de craintes. «La semaine passée, ma voix était revenue comme avant. J'avais un bon souffle. Je croyais que je n'avais plus le cancer, et là, tout d'un coup, elle s'est dégradée. C'est bizarre. Je ne sais pas pourquoi et ça me fatigue», confie-t-il. Le cancer, c'est un peu comme des montagnes russes. Après l'exaltation, la chute. Raymond Gravel n'a d'autre choix que de boucler sa ceinture et de s'accrocher, au gré des montées et des descentes qu'il ne contrôle pas.

Il y a aussi cette douleur qui est revenue. Elle irradie dans son épaule et son bras. Elle cogne dans sa tête et ne peut être soulagée qu'avec de forts médicaments. Elle le traque, jusque dans la nuit, pour l'empêcher de dormir, assez puissante pour lui faire avoir hâte aux traitements de chimiothérapie, même avec tous les effets secondaires qu'ils comportent. Une douleur qui lui fait se poser mille et une questions et qui laisse, sur son passage, le profond sillon du doute. «C'est sûr que la douleur va partir avec les traitements, mais est-ce que je vais retomber malade quelques semaines après chaque traitement de chimiothérapie? Pourtant, mes tumeurs ont diminué de grosseur, mes métastases aux os aussi. Il n'y avait pas de nouvelles lésions. Comment ça se fait que j'ai mal?» Il est vrai que son dernier examen de résonnance magnétique, réalisé au début décembre, commence à dater. Les résultats indiquaient alors une diminution d'environ soixante-quinze pour cent de la grosseur des tumeurs à ses poumons et des métastases aux os.

Il y a aussi ces peines issues du monde extérieur : l'abbé Gravel vient de perdre un ami, Gilles, lui aussi atteint du cancer du poumon. Ils s'appelaient toutes les semaines. Deux compagnons qui s'accrochaient l'un à l'autre, avec l'espoir d'avoir plus de chances d'arriver à bon port ensemble. «Il me disait qu'on allait guérir et qu'on prendrait un bon verre de vin, parce que nous sommes deux amateurs. Ça faisait deux semaines qu'il ne m'avait pas appelé. J'étais inquiet. Je ne pourrai plus partager un verre de vin avec lui.» Son ami Gilles a reçu son diagnostic au début de l'été. Un cancer bien avancé chez un homme que les traitements rendaient malade. «Il avait même un lit d'hôpital chez lui», ajoute l'abbé Gravel, jaugeant ainsi la gravité du mal que combattait son ami. En dépit des traitements de chimiothérapie qu'il reçoit cette semaine, Raymond Gravel célébrera les funérailles qui auront lieu dans quelques jours. «Je ne le lâcherai pas. Pour sa famille, c'est important aussi. J'ai marié ses deux filles, j'ai célébré son vingt-cinquième, son trentième et son trente-cinquième anniversaire de mariage. Il croyait aux miracles. Je ne sais pas comment ça se fait.»

Chagriné, l'homme ressent le besoin de s'épancher aujourd'hui. De confidence en confidence, la conversation remonte le fil du temps jusqu'à son enfance. Le milieu familial qui a vu grandir le jeune Gravel était rude. Sa relation avec son père, autoritaire et violent, était caractérisée par l'abus. «Des claques, des coups de pied et des coups de poing… Mon père avait été élevé comme ça et il pensait que c'était la manière d'éduquer des enfants. Il m'a déjà frappé si fort que j'ai perdu connaissance. Il nous frappait comme si on était des adultes.» Comme si on était des adultes. La faute de son père n'avait pas été d'user de violence, mais plutôt la force employée. Quels stigmates a laissés chacun de ces coups sur l'esprit de Raymond Gravel? Chose certaine, il ne peut les cacher totalement derrière le voile de la résilience. Les vieilles blessures se révèlent dans les mots qu'il prononce encore aujourd'hui. Ces blessures font partie de l'équation de sa vie, de sa façon si particulière de concevoir le monde qui l'entoure.

Bête noire désignée de son père, le jeune Raymond était en contrepartie l'un des préférés de sa mère. Ce domicile familial dysfonctionnel, l'adolescent le quitte à seize ans : «Je ne m'entendais pas bien avec mon père et je suis parti. Si notre relation avait été normale, j'aurais vécu ça autrement.» Après avoir trouvé à se loger quelque temps dans un hôtel de Saint-Gabriel-de-Brandon, le jeune Gravel met le cap sur Montréal et s'installe dans le quartier Rosemont avec un ami d'enfance. Il vit alors des moments difficiles. Pendant six mois, il s'adonne à la prostitution homosexuelle. Un soir, les choses tournent mal. Son dernier client le bat et il se retrouve aux soins intensifs. C'est la fin de sa carrière d'escorte. Il travaille ensuite dans une banque, puis devient barman au *Limelight* et au *Rendez-Vous*, deux établissements fréquentés par la communauté gaie. À travers le brouillard de l'alcool et de la drogue, le désir d'être prêtre refait surface. «J'ai toujours eu la vocation.

J'ai toujours eu la foi, j'ai toujours pratiqué, même quand j'étais dans la drogue, j'ai continué à prier. »

Pour financer ses études, le jeune Gravel conserve son emploi derrière le comptoir du *Limelight*. Il y travaillera les vendredis, samedis et dimanches pendant ses études collégiales au cégep du Vieux-Montréal. Même chose lorsqu'il entame son baccalauréat en théologie à l'Université de Montréal en 1979 : « Je ne voulais pas dépendre de mes parents. Je prenais des *speeds* pour arriver à tout faire : travailler au bar le soir et suivre mes cours le jour. » Mais l'alcool et la drogue, c'était surtout pour combler un vide, confesse l'abbé Gravel : « À cette époque-là, à la fin des années 1970, un ami du secondaire m'a beaucoup aidé. Il m'a fait comprendre que la drogue allait me détruire. Parce que je me suis déjà shooté, moi. Graduellement, j'ai arrêté le pot et le hasch, qui me rendaient dingue. J'ai eu plus de difficulté avec les amphétamines, qui me donnaient de l'énergie. Le jour où je suis entré en paroisse, j'ai tout cessé d'un coup. Je n'ai pas souffert du sevrage. » Ce n'est que plusieurs années plus tard que le prêtre se réconciliera avec celui qui était à l'origine de ce manque impossible à combler :

> Quand j'ai été ordonné prêtre, mon père a pleuré durant toute la cérémonie. Après, il a essayé de changer, puis, juste une semaine avant qu'il ne meure, on s'est vraiment réconciliés. Il s'est excusé, il m'a même dit qu'il m'aimait. La veille de son décès, je suis allé le voir aux soins palliatifs : il était brillant. Il était beau. À sa demande, je lui ai donné les derniers sacrements et je lui ai dit que je reviendrais le voir le lendemain. Il m'a répondu : fais ça vite, parce que je vais être parti. Ça m'est resté dans la tête.

Le lendemain, alors qu'il célèbre des funérailles, le prêtre est assailli par le besoin pressant de se rendre à l'hôpital. Il quitte la cérémonie pour se rendre au chevet de son père, cet homme à qui il venait tout juste d'accorder son pardon, après une vie de peine et de récriminations.

> *Quand je suis arrivé à l'hôpital, j'ai trouvé une place de stationnement libre juste à côté de l'entrée. Je suis monté aux soins palliatifs en courant et quand je suis arrivé au cinquième étage, l'infirmière m'a dit qu'il m'attendait. Quand je suis entré dans la chambre, il était en train de mourir. J'ai pris sa tête et je lui ai dit : «Papa, tu peux t'en aller.» Il est mort dans mes mains, comme ça. Je lui ai fermé les yeux. J'ai ressenti une chaleur.*

Nous les avons tous vues, ces personnes qui pleurent le départ de leur père, à l'église ou ailleurs. C'est comme si la douleur fissurait leur âme. Une blessure dont on peut se remettre, mais qu'on n'oublie jamais. Faut-il s'en surprendre, l'abbé n'était pas assis dans les bancs pour les funérailles de son père. C'est lui qui dirigeait la cérémonie, selon les dernières volontés du défunt : «Dans l'année qui a suivi sa mort, je le voyais partout où j'allais. C'est comme s'il était avec moi. Durant l'été suivant, un de mes oncles est mort. J'officiais l'homélie quand j'ai vu mon père assis dans la foule. Il me regardait en souriant. Tu ne peux pas dire ça. Mais moi, je l'ai vu. Il était là.»

Durant son récit, le fils fond en larmes à plusieurs reprises. Il me dira plus tard, tant pour me taquiner que pour justifier ses sanglots, que je l'ai fait pleurer avec mes questions. Or, il m'a raconté cette histoire de son propre chef, alors que je n'orientais que très peu la discussion. Certaines émotions fondatrices demeurent, peu importe ce que l'on dit ou ce que l'on pense. On peut bien tenter de les refouler durant des années, elles surnagent et refont surface en un rien de temps. Quand on s'engage dans la prêtrise, on ne peut plus compter sur certains remparts de la vie normale pour se prémunir des émotions violentes ressenties dans l'enfance qui, si elles ne vous atteignent pas tout de suite, vous jetteront au plancher un jour ou l'autre. Mais la prêtrise, « c'est tout de même moins difficile que de travailler dans le bois », déclare l'abbé Gravel de façon tempérée, lui qui détestait bûcher sur la terre familiale.

# L'examen

**7 février 2014**

*Au début, je me disais :*
*« Ça n'a pas d'allure. Si je meurs, je n'ai rien de préparé. »*
*Là, j'ai même payé ma tombe.*
*Je ne mettrai pas personne dans le trouble.*

L orsque nous le visitons, vers onze heures, en fin d'avant-midi, l'abbé Gravel nous offre le café. « J'ai de la bière aussi », lance-t-il, lorsque nous nous assoyons au salon pour jaser. Mais il est un peu trop tôt pour trinquer. « Je ne bois plus de bière parce que ça me donne mal à la tête. Mais je prends encore du vin rouge, j'aime bien ça. » L'abbé Gravel nous dresse la liste des bouteilles qu'il préfère : des vins au goût sec ou fruité, il affectionne particulièrement les cépages australiens. Il en boit encore une bouteille, en soupant le soir. « Quand j'étais en Italie, ils prenaient du vin le midi et le soir. Je n'ai pas perdu cette habitude-là », affirme-t-il, sur un ton péremptoire.

L'abbé Gravel s'informe du documentaire que nous préparons à son sujet, de sa durée et de sa date de diffusion. Puis, la conversation bifurque, l'homme d'Église me pose des questions à propos de ceux qu'il connaît parmi nos collègues de travail. Il mentionne Brian Myles, journaliste spécialiste des affaires judiciaires au quotidien *Le Devoir*. Président de la Fédération professionnelle des journalistes du Québec de 2009 à 2013, Brian est un journaliste très respecté. « Lui, il n'a vraiment pas été correct avec moi », lance alors Raymond Gravel.

Son histoire commence en 2008, alors que deux cent vingt-trois anciens pensionnaires des établissements gérés par les frères de Sainte-Croix intentent un recours collectif de dix-huit millions de dollars contre la communauté religieuse pour des abus sexuels qui auraient été commis entre 1950 et 2001 dans trois pensionnats situés à Montréal, à Saint-Césaire et à Pohénégamook (une deuxième demande de recours collectif contre les frères de Sainte-Croix a été déposée en novembre 2013). Trois ans plus tard, en 2011, les frères de Sainte-Croix concluent une entente à l'amiable pour dédommager deux cent six victimes, qui se partagent douze millions de dollars. C'est là que l'abbé Gravel prend la plume pour dénoncer une situation «inacceptable» et «aberrante».

Dans une lettre ouverte qui s'intitule *Le pouvoir de l'argent*, Raymond Gravel écrit d'abord que l'entente conclue par les frères de Sainte-Croix fait payer, à l'ensemble de la communauté, les égarements de quelques-uns de ses membres. Une première injustice. Il est vrai que la question des agressions sexuelles au sein de l'Église est grave, poursuit le pamphlétaire. Les victimes doivent dénoncer sans hésiter les gestes qui ont été posés contre elles. Les communautés religieuses devraient payer pour que les victimes reçoivent les soins appropriés, un geste qui serait même «généreux», soutient l'abbé Gravel. Or, tout le monde connaît le pouvoir de l'argent. Après ce règlement qui fera jurisprudence, les avocats se rueront tous sur les communautés religieuses. Ils traqueront les victimes pour réclamer de l'argent en leur nom. La survie de plusieurs congrégations est menacée, professe alors l'abbé Gravel. Tout ça, alors que les victimes, les vraies, ne recherchent pas l'argent : «Ceux qui les représentent veulent en faire des prostitués. Ils sont prêts à qualifier la gravité de ce qui leur est arrivé en quantifiant financièrement l'agression qu'elles ont subie : de l'attouchement jusqu'à la pénétration, ils évaluent une somme entre dix mille et deux cent cinquante mille dollars. Comment appelle-t-on cela ?»

Quelque temps après la publication de cette lettre, l'abbé Gravel reçoit un coup de fil du journaliste Brian Myles, lequel veut prévoir une rencontre avec Pierre (nom fictif). Étudiant du collège Notre-Dame à Montréal, Pierre a été victime d'agression sexuelle de la part d'un frère de la congrégation. Seul, il a poursuivi la communauté au civil, qui l'a dédommagé dans le cadre d'une entente à l'amiable, dont les détails sont confidentiels. «La preuve était si accablante que les frères de Sainte-Croix ont réglé la poursuite civile hors cour», précise l'article du Devoir. Son dossier ayant déjà été traité devant les tribunaux, il lui était impossible de s'inscrire au recours collectif. L'homme souhaite simplement rencontrer l'abbé Gravel pour lui faire entendre raison. La rencontre tourne mal, selon le compte-rendu qu'en fait Brian Myles. *Victimes ou prostitués : Dialogue de sourds entre un abbé hostile et une victime des Sainte-Croix*, titrera *Le Devoir* à la première page de son édition du vingt-deux décembre 2011. Raymond Gravel se montre particulièrement dur dans ses propos : «Elles ne se manifestent pas, les vraies victimes. Tout ce qu'elles veulent, c'est la paix, et retrouver la sérénité. Et les avocats profitent de ça pour aller chercher des victimes qui n'en sont pas.»

Si l'abbé Gravel se montre si injuste et si dur envers Pierre, victime d'abus sexuel, c'est peut-être parce qu'il a vécu la même chose, comme le rapporte Brian Myles dans son article : «Ce prêtre atypique avoue même qu'il a tiré profit d'un incident d'attouchement sexuel subi durant son adolescence, lors de son passage à l'école Sacré-Cœur, à Saint-Gabriel-de-Brandon. Il refuse l'étiquette de victime. "Je ne suis pas une victime. On s'est servi de ça après, une gang de gars, pour faire de l'argent avec le frère et pour le faire chanter. J'avais douze ans, on est réveillé, à douze ans"», lance-t-il.

Plus de trois ans après l'escarmouche, Raymond Gravel s'emporte encore lorsqu'il parle de cette affaire. Son ton devient vindicatif, comme s'il avait oublié le pardon, sans qu'on sache trop ce qui devait être pardonné. Je pense à ces curés d'antan, qui vociféraient leurs sermons, du haut de leur chaire, avant les années 1960. L'abbé Gravel déforme et amplifie l'image que je me fais de ces hommes d'Église d'autrefois. Il prétend que Pierre a reçu une indemnisation de trois cent mille dollars, alors que les détails du règlement sont confidentiels, et il ajoute que la victime voulait encore plus d'argent, puisqu'elle a tenté de s'inscrire au recours collectif en vigueur. Bien que confidentiel, le montant de l'indemnisation touché par Pierre est inférieur à trois cent mille dollars. Aussi, pour être admissible au règlement conclu entre les frères de Saint-Croix et les deux cent six victimes, il ne fallait pas avoir déjà touché une indemnisation.

«Ce gars-là était protégé par la communauté. Ça a duré jusqu'à son secondaire cinq. Moi, quand j'étais au secondaire, je savais ce que je faisais. Il m'a dit que ça l'avait traumatisé. Je lui ai dit que je le trouvais profiteur et je suis parti.» Raymond Gravel est catégorique : cette victime, qu'on lui a présentée, a profité de la situation dans laquelle elle se trouvait, en plus de l'alimenter. Rien de moins. À ne point en douter, sur cette délicate question des agressions sexuelles au sein de l'Église, l'abbé Gravel, si souvent identifié comme le défenseur des marginaux et des exclus, a choisi son camp : celui de l'Église catholique romaine, et invoquer la Bible et ses commandements ne sera d'aucun secours. Le tourment qui l'habite fausse son jugement. Et je comprends qu'il me serait impossible, comme il l'a été pour Pierre, de le faire changer d'idée.

S'il défend l'Église sur cette question, l'abbé Gravel refuse qu'on lui dise quoi penser sur une foule d'autres sujets ou encore de quelle façon exercer sa foi : « Pour moi, il ne devrait y avoir aucun interdit. La drogue serait permise. Qu'on éduque les gens et qu'on les responsabilise. Je n'avais pas le droit de dire que j'étais pour l'ordination des femmes prêtres et du mariage gai, mais je l'ai fait quand même. J'écrivais pour exprimer mes positions. Ils n'ont pas à me dire quoi penser et suis assez vieux pour savoir ce que j'ai à faire. » Une fois vêtu de sa soutane, l'abbé Gravel prend des positions à contre-courant des dogmes dominants de l'Église catholique : il prend parti pour le mariage gai et l'ordination des femmes. Il s'oppose au célibat obligatoire des ministres du culte et reconnaît le libre choix et le droit des femmes en matière d'avortement. Ces idées libérales lui valent les réprimandes de l'Église plus souvent qu'à son tour. Des convictions qui le forcent à quitter les feux de la rampe de la politique, après un court passage de deux ans comme député du Bloc québécois dans la circonscription de Repentigny. Souverainiste convaincu et prêtre opiniâtre, l'abbé Gravel n'a eu d'autre choix que de placer Dieu devant la patrie, sous peine de perdre son ministère.

L'un de ces interdits professés par l'Église catholique le concerne au premier chef : le célibat obligatoire des prêtres.

Raymond Gravel juge qu'il n'y a rien de mal dans le fait d'avoir une vie amoureuse ou des relations sexuelles :

> *Il y en a qui souffrent là-dedans. Ils auraient voulu fonder une famille, mais on les a brimés. Qu'on leur donne ce droit ne m'enlève rien. J'en connais des frustrés. Dans la vie, il faut être épanoui. Certains frustrés ciblent les enfants. Je ne dis pas qu'il y a un lien direct entre la pédophilie et le célibat obligatoire, mais il faut se questionner.*

Je demande à l'abbé Gravel si son célibat imposé lui pèse. Avant d'enfiler la soutane, à trente-trois ans, il était déjà un célibataire convaincu : «Ça n'enlève pas le désir, mais je n'ai jamais vraiment souffert. J'ai trouvé plus difficile d'arrêter la drogue et la cigarette. Je n'ai pas fumé depuis six mois et j'en ai vraiment envie!» L'air de rien, volontairement ou non, nous venons de changer de sujet. Cette maîtresse qui l'a accompagné depuis quarante-neuf ans aura été son plus grand vice. «J'aimais mieux fumer que me marier», dit-il, six mois après sa dernière bouffée. Raymond Gravel n'a rien trouvé qui atténue son désir de faire usage du tabac. Il y a quelque chose de bénéfique dans la cigarette, fait-il sur un ton insistant. À l'écouter, ce serait presque une forme de méditation contemplative. Il n'est pas en manque, mais des rages de cigarette lui prennent parfois le corps et l'esprit. Certains indices ne mentent pas : l'abbé Gravel conserve encore le dernier paquet qu'il a acheté dans son congélateur.

L'homme d'Église n'a pas encore renoncé à la cigarette. Il fumera bien un jour, s'il se sait condamné, sans espoir de sortie. Le calme dont peut faire preuve l'abbé Gravel face à sa propre mort me sidère. Alors que l'idée en pousserait plusieurs vers la tristesse, il trouve la force de planifier ses propres funérailles, ne laissant rien au hasard. Une autre façon, aussi, de ne pas déranger qui que ce soit. Si l'abbé Gravel déteste participer à des célébrations où tout ne roule pas au quart de tour, pas question de faire exception, même avec sa propre disparition : « J'ai même choisi la chanteuse. Elle ne voulait pas chanter au début ! À un moment donné, il faut que les gens s'amusent. Le ressuscité disait : on est plus qu'une roche. Ça arrivera si ça arrivera. C'était très émouvant, ces préparations, mais une fois que c'est fait, c'est fait. S'il y a du monde, tant mieux. Il devrait y avoir un peu de monde. Ça dépend quand ça va arriver. »

> — *En doutez-vous un peu ? lui demandé-je.*
> — *Non... Ça me dérange plus, rendu là...*

Ce n'est pas à la blague qu'il se questionne sur la foule qui assistera à la cérémonie. J'imagine la célébration dans ma propre tête et je me dis que, malgré la tristesse, il y a quelque chose de très beau dans les funérailles. Une célébration solennelle de la vie, peut-être... Pourtant, Raymond Gravel ignore s'il y a une vie après la mort. Il espère, c'est tout. Il s'imagine, dans cette deuxième vie, qu'une fusion s'opère entre tous les êtres humains. Le brouillard qui plane sur cette conception ne l'affole pas trop. Il pense à cette lumière blanche et libératrice, comme lorsqu'il raconte l'histoire de cette femme agonisante qu'il connaissait et qui a vu la fameuse clarté avant de regagner son corps. « Le blanc qu'elle a vu était si beau que lorsqu'elle est arrivée chez elle, elle a fait peinturer ses plafonds. Elle disait que ce n'était pas du vrai », dit-il sur un ton insistant. À sa propre manière, l'abbé Gravel pense à cette lumière, comme dans ce rêve fait la semaine passée, où il voguait entre deux eaux. «Je me voyais et je n'avais plus mal nulle part. C'était bizarre, mais je me sentais bien. Je n'étais pas encore parti et je n'étais plus de ce monde. Je pouvais voir les gens, mais eux, ils ne me voyaient pas. Je savais qu'il fallait que je m'en aille plus loin. Je n'ai pas eu peur quand je me suis réveillé...»

Du salon, nous nous déplaçons au sous-sol, où Raymond Gravel consacre de longues heures à l'écriture sur son ordinateur. C'est ici qu'il prépare et conserve religieusement les homélies de ses célébrations. D'autres livres s'ajoutent à la collection déjà bien garnie qui se trouve dans la salle de séjour. Des bibles en hébreux et en grec. L'abbé Gravel doit mettre fin à la conversation : c'est jour d'examen aujourd'hui. Un *scanneur,* en langage de cancer. Alors qu'il monte se préparer, nous restons au sous-sol pour prendre des images qui serviront à habiller notre reportage. Ninon attire mon attention sur une photo, dans un petit cadre tout simple, placé sur une étagère. C'est Gizem, souriant, qui profite du soleil, vêtu d'une chemise hawaïenne déboutonnée qui révèle son torse. Pas le genre de photo qu'aurait pris un simple ami. Le cliché semble remonter à quelque temps déjà, et quelque chose nous porte à croire que le prêtre déroge à ses vœux de célibat. Nous pourrons en parler. L'abbé Gravel, lui, aura bientôt des réponses. Une explication pour ses douleurs revenues depuis quelques semaines. Ce mal dans l'épaule et cette voix éraillée, tout ça n'est peut-être causé que par un nerf, présume l'homme en rapportant les explications de son médecin. Bientôt, très bientôt, il saura.

# La visite médicale

**11 février 2014**

*Je suis tanné. J'ai hâte que ça finisse.*

C'est plus long que prévu. L'abbé Gravel patiente, assis dans la salle d'attente du département d'oncologie du Centre hospitalier régional de Lanaudière à Saint-Charles-Borromée. Il a rendez-vous avec son médecin, qui doit lui communiquer les résultats de ses examens. Les minutes se succèdent. Je lui fais remarquer qu'il semble nerveux. «Pas nerveux, tanné», précise-t-il. Le froid glacial de février semble avoir contaminé l'ambiance.

Dans quelques jours, Raymond Gravel franchira une étape importante : cela fera six mois qu'il compose avec la maladie. C'est le temps que son premier médecin qu'il a consulté lui donnait à vivre lorsqu'il a appris qu'il était atteint d'un cancer. C'est aussi le temps qu'un de ses professeurs du Grand Séminaire de Montréal lui avait prédit qu'il durerait comme prêtre. C'était il y a vingt-huit ans. Les deux hommes se sont trompés. Alors que Mathieu, un collègue caméraman de *La Presse*, s'engouffre dans le bureau du médecin en même temps que le patient, je me demande si nous allons trop loin. L'abbé Gravel a accepté, tout comme son médecin traitant, la présence de notre caméra lors de cette consultation médicale. Le genre de chose qui n'arrive jamais. Je ne me rappelle plus très bien comment et quand nous en avions formulé la demande, mais nous l'avons fait après plusieurs mois de rencontres, jugeant qu'elle n'était pas inappropriée. Après avoir capté ses traitements, c'était le chemin logique à suivre.

Je reste dans la salle d'attente, alors qu'une indescriptible tension flotte dans l'air, comme le mauvais sort que l'on peut présager. Une émotion qui me tenaille les tripes et qui fait naître le stress. Pas celui que l'on ressent face à son travail, celui que l'on ressent face à sa vie. Comme journaliste, on ne refuse pas d'entrer quand on nous ouvre la porte. Mais pour l'instant, derrière cette porte, c'est long. Trop long.

Ce n'est que le soir venu que j'ai pu visionner les images de la visite médicale. L'abbé Gravel y apparaît, le visage rongé par l'inquiétude. Comment contenir cette crainte, qui se pointe, jour après jour, pour nous rappeler la menace de la mort? Pour gagner, le malade peut être tenté par des paris audacieux, ou miser sur des solutions quasiment ésotériques. L'abbé Gravel, comme bien d'autres, n'y échappe pas. Entre ses mains nerveuses, l'homme tient une découpure de journal : le témoignage d'une femme qui affirme avoir vaincu le cancer du sein en ne s'alimentant que de jus de fruits et de légumes bio. Il ne dit rien, mais tout son corps hurle : «Ça pourrait marcher pour moi, docteur?» Son médecin ne voit pas d'objection à cette diète, mais il veut s'assurer que son patient poursuivra les traitements de chimiothérapie. Dans un moment de désespoir, Raymond Gravel était prêt à y croire. N'aurait fallu que l'approbation du bon docteur. Pourquoi la solution miracle n'existerait-elle pas? Et si jamais?

Quand l'abbé Gravel ressort du bureau du médecin, il emporte avec lui la nouvelle d'un cancer qui a progressé.

La chimiothérapie ne fait plus effet. Déboussolé, il fait part des résultats à Gizem, puis les partage avec nous. Il devra suivre des traitements de radiothérapie au Centre de santé et de services sociaux de Trois-Rivières. Devant cette nouvelle, nous le laissons, afin qu'il puisse retourner chez lui en paix. Maintenant, il sait.

# La douleur

**14 mars 2014**

*Ça fait mal, c'est effrayant.*

Aujourd'hui, nous n'appelons pas l'abbé Gravel avant de prendre la route pour confirmer notre rencontre. Dans un geste de sympathie, nous lui avons apporté de la soupe. Une fois à Joliette, il nous dit se sentir trop malade pour nous accorder un long entretien. Il vient de terminer une séance de radiothérapie. Une tumeur a complètement enveloppé l'une de ses vertèbres dorsales. C'était là, le berceau de la douleur, là où le mal prenait racine. Incommodé, le malade nous a fait voir la brûlure laissée par la radiothérapie. Des maux de tête l'ont contraint à reprendre de la morphine.

> — *On va vous laisser vous reposer, lui dis-je.*
> — *Ouais. J'essaie, lance brièvement le prêtre avant de refermer la porte.*

Une porte qui se ferme. S'ouvrira-t-elle encore? On ne sait jamais quand une porte se referme pour de bon, mais désormais, cela fait partie des possibilités.

# L'espérance

**1er et 29 avril 2014**

*La maladie ne doit pas nous empêcher de vivre.*

En ce début d'avril, je me rends à l'inauguration de la caserne 32 du Service de sécurité incendie de Montréal, dans le quartier Pointe-aux-Trembles, avec mon collègue Frédéric. Aumônier des pompiers depuis 1994, Raymond Gravel assiste à l'événement pour prononcer un bref discours et bénir l'édifice. Voilà maintenant trois semaines que la première ministre du Québec, chef du Parti québécois, Pauline Marois, a déclenché une campagne électorale. La Charte des valeurs que propose son parti occupe encore plus de place dans l'actualité que la peur d'un éventuel référendum, mais ça ne saurait durer bien longtemps. Après dix-huit mois dans l'opposition, les libéraux, menés par Philippe Couillard, sont à égalité avec le PQ dans les intentions de vote. La majorité que ciblait Pauline Marois semble de plus en plus impossible à atteindre.

Peu après le début de la cérémonie qui se déroule dans le garage de l'édifice, le maire Denis Coderre prend la parole. D'un air sérieux et grave, après les salutations d'usage, il précise qu'il a joint le maire de Boston le matin même. Pourquoi donc? se demande-t-on. Des sapeurs y sont décédés la veille, en combattant un incendie. Le maire a transmis les condoléances officielles de la Ville. Voilà, l'auditoire est charmé. Personne ne se doute alors de la bataille qui se prépare entre le maire et ses pompiers au sujet de leur régime de retraite. Quelques semaines plus tôt, Denis Coderre a même enfilé son *bunker suit* pour aller rejoindre les troupes sur les lieux d'un incendie. L'abbé Gravel possède lui aussi sa propre tenue de feu, mais pas question, pour lui, de l'enfiler. L'habit est trop lourd à porter.

Entre la visite guidée et le buffet, nous nous éclipsons dans une salle de repos pour discuter avec l'abbé Gravel. Son vote ira à Véronique Hivon, la ministre déléguée aux Services sociaux et députée péquiste sortante de Joliette. Raymond Gravel, ex-député bloquiste, réclame un changement de garde à la tête du PQ. Mais s'il abhorre la charte, l'abbé Gravel déteste encore plus l'idée que les libéraux reprennent le pouvoir après un court, trop court purgatoire dans l'opposition. La seule solution, selon lui, d'empêcher ce scénario de se produire, c'est de voter pour le Parti québécois. L'abbé Gravel a été un dissident plus souvent qu'à son tour au sein de l'Église, mais il sait aussi rentrer dans le rang. Les convictions et les idées, c'est bien beau, mais en politique, il faut jouer pour gagner : «Je suis souverainiste et je dois voter souverainiste. Avec un système de vote proportionnel, on pourrait voter Québec solidaire ou Option nationale. Même si je suis d'accord avec les positions de Québec solidaire, il n'y a pas meilleure façon de voter libéral que de leur donner mon vote.»

C'est bien là l'un de ses paradoxes les plus criants. Incapable de se faire intimer une façon d'agir, l'abbé Gravel n'hésite pas à jouer au curé, en chaire, pour guider le troupeau. Comment peut-il en arriver à ce raisonnement? C'est qu'ici, l'homme de conviction, le libre penseur qui prêche la diversité, justifie les moyens par la fin : «Je ne veux pas que les libéraux rentrent. Ça serait un méchant recul. Avec le gros Barrette en plus. Quelle option me reste-t-il? Je peux appuyer Françoise David, mais je ne peux pas voter pour elle. » Alors que l'idée de la victoire est grisante, la perspective de la défaite est angoissante. Ces deux options seraient assez fortes pour faire perdre à n'importe qui sa religion.

—————

Quelques semaines plus tard, nous retournons à Joliette pour visiter l'abbé Gravel à son domicile. Sa voix a de nouveau pris du mieux. C'est le résultat le plus perceptible à la suite de ses traitements de radiothérapie, reçus en février et en mars, et du nouveau programme de chimiothérapie auquel il se soumet. Les cordes vocales ont presque retrouvé leur force d'antan et avec elles, une certaine énergie est venue, qui donne de la vigueur à l'homme, comme si toute son âme renaissait. Une autre fois, Raymond Gravel reçoit le cadeau de l'espoir renouvelé.

Il paraît de nouveau motivé, vivant. « J'aime ça, les gens me comprennent plus facilement. J'avais parfois de la difficulté à parler. C'est tellement positif que je me demande si je suis en rémission », dit-il, réjoui, le débit plus rapide. Il y a bien quelques nouveaux bobos qui sont apparus — le cancer instille un doute permanent, au moindre changement —, mais dans l'ensemble, le prêtre va mieux, beaucoup mieux. Il a même pu recommencer à chanter. « C'est seulement quand quelque chose nous est enlevé qu'on se rend compte à quel point elle nous importait. J'avais l'impression que les gens ne m'entendaient pas. Je leur demandais : est-ce que c'est fatigant de m'écouter ? Ils me disaient non, mais ma voix me fatiguait. »

Pour l'abbé Gravel, l'hiver a été rude. Avant qu'il ne commence les traitements en radiothérapie en février, le froid avait presque réussi à cristalliser ses peurs. « J'ai même pensé que j'étais pour mourir, confesse-t-il. Si je vis, l'hiver prochain, je ne reste pas ici. Après les fêtes, je m'en vais dans le Sud. » La tempête est maintenant terminée. Son médecin lui a affirmé que si le cancer diminuait, il pourrait envisager un arrêt de la chimiothérapie. Que son système immunitaire pourrait prendre le relais. Mais ce rétablissement bien relatif ne constitue ni un cadeau ni une récompense. « Ça veut dire que j'ai une bonne santé, le cancer n'a pas le dessus. Le médecin trouve que je passe à travers les choses facilement. » Chose certaine, l'abbé Gravel entend reprendre le travail dès qu'il le pourra. Lui qui a été déclaré inapte au travail lors de son diagnostic n'entend pas conserver ce rythme de vie ralenti. « J'aimerais revenir comme avant. Si je m'en vais vers un mieux-être, je vais recommencer à travailler. »

Il y a de l'espoir dans l'air, ou de l'espérance, dirait plutôt Raymond Gravel. L'espérance, c'est la conviction, pour les croyants, qu'ils connaîtront la grâce de Dieu sur cette Terre. L'abbé Gravel croit bien avoir remporté son dernier round contre le cancer. Il a déjoué les statistiques et dépassé les six mois de vie. Les paroles du médecin, qui lui avait fait ce pronostic, il ne les a pas encore digérées. Des paroles décourageantes, se plaint-il, mais qui l'ont peutêtre piqué juste assez pour le motiver à se battre. Ne seraitce que pour pouvoir dire à ce docteur qu'il n'avait pas raison : « Je trouve que ce n'est pas au médecin de me prédire combien de temps je dois vivre. D'abord, il ne le sait pas lui-même. Je trouve que c'est prétentieux. Moi, ça m'a nui. Ça me trottait dans la tête tout le temps. Si quelqu'un n'a pas de moral, ce n'est rien pour lui en donner. »

Raymond Gravel a fait le choix de demeurer libre et indépendant d'esprit. Il trouve ses repères dans ses expériences passées, à travers toutes les luttes menées : «Les pros Benoît XVI vantent le nouveau pape. C'est bizarre. Ils étaient conservateurs. Du monde comme ça, des girouettes qui changent au gré du vent, ça me fait peur, parce que ça n'a pas de pensée. Ce n'est pas parce que la tête a changé que tu dois changer. J'ai toujours fonctionné comme ça. » Lorsque l'abbé Gravel dénonçait l'Église et prenait position à contre-courant, il se préparait, sans le savoir, à la lutte qu'il mène aujourd'hui. La cible change, l'ennemi n'est plus le même, mais les techniques demeurent : «On se bat contre quelque chose qui est dur, sauf que l'issue n'est pas la même. Si tu ne gagnes pas contre la maladie, tu meurs. »

Mais malgré les douleurs, la peur et l'incertitude, pourquoi continuer à se battre? «Il faut vivre selon ses convictions. Quand on démissionne, je pense qu'on meurt. Je regarde ceux qui ont vécu des échecs qui se sont laissés aller, ils ne s'en sont jamais sortis. Ils sont dépressifs et amers. Certains portent ce fardeau-là longtemps. Il faut que je me batte. » Chez certains, la mort morale peut survenir bien avant la mort physique. Se battre, c'est aussi se relever après une chute pour reprendre son chemin : «Il y a des gens qui meurent jeunes parce qu'ils n'ont pas d'espérance, ajoute l'abbé Gravel. Mais ça ne vient pas tout seul. Aide-toi et le ciel t'aidera. » Se battre, c'est refuser d'accuser

l'échec ou la douleur pour justifier sa propre démission :
« J'entends parfois des non-croyants aujourd'hui qui re-
prochent des affaires à l'Église catholique qui n'existent
plus depuis trente ans. Ils n'ont jamais guéri de ça ? C'est
comme quelqu'un qui dirait : mon père était alcoolique,
donc j'ai raté ma vie. Il n'est pas responsable. Les épreuves,
ça doit nous aider, nous armer pour aller plus loin dans la
vie. »

Avoir l'audace de croire en quelque de plus grand que
soi, ça aussi, c'est un choix. Un choix qui n'est pas obliga-
toirement religieux : « Pour un non-croyant, ça peut être
autre chose : ses forces à lui, l'humanité, la collectivité. Il
faut être humaniste avant d'être religieux. La matière, c'est
limité. Je pense que les gens qui n'ont aucune spiritualité,
qui sont seulement matérialistes, sont malheureux. »

Mais même la plus forte des espérances et la plus forte
des spiritualités prennent racine dans le réel. Si l'abbé
Gravel est capable de prononcer ces paroles aujourd'hui,
c'est parce qu'il va mieux. L'espérance, c'est croire aussi
longtemps qu'on le peut : « Si je n'avais pas cet espoir de
guérir, je dépérirais. »

# La chute

**18 juin 2014**

*J'ai dit à Gizem : je n'en peux plus.*
*Il m'a emmené à l'hôpital.*

I l y a près de deux mois déjà que je n'ai pas vu l'abbé Gravel. Je lui ai téléphoné à quelques reprises, le temps de discuter quelques minutes, mais sans pouvoir convenir d'une rencontre. Ce trajet vers Joliette avec Ninon n'est pas comme tous les autres. D'abord, nous ne sommes plus collègues. Il y a deux semaines, mon emploi à *La Presse* a subi le couperet. Je retourne voir l'abbé Gravel avec le désir de poursuivre notre projet, mais sans encore savoir comment.

Pendant ce temps, la santé de Raymond Gravel déclinait en flèche. À notre dernière rencontre, il évoquait l'espoir de la rémission et la possibilité de cesser la chimiothérapie. C'est maintenant hors de question. La douleur à l'épaule est revenue. Elle a tout chamboulé sur son passage. Pour la juguler, le médecin a d'abord augmenté le dosage des médicaments, déstabilisant le fragile équilibre du système immunitaire de l'abbé. Puis, de fortes nausées l'ont terrassé.

C'est dans une chambre du cinquième étage du Centre hospitalier régional de Lanaudière que se déroule notre entretien. Vêtu d'une jaquette et amaigri, Raymond Gravel est assis dans un lit d'hôpital, entouré de quelques amis. Après quelques dizaines de minutes, je lui apprends que j'ai perdu mon emploi. Je lui explique cependant que s'il le veut bien, j'aimerais poursuivre nos entretiens. Je ne sais plus de quelle manière, mais je souhaite toujours raconter cette histoire. L'abbé Gravel acquiesce.

L'atmosphère est empreinte d'émotion. Au cours des derniers jours, on a dit à Raymond Gravel qu'il ne passerait probablement pas l'été. Paradoxalement, son séjour à l'hôpital semble l'avoir remis sur pied. Une dizaine de jours après son arrivée, il a retrouvé l'appétit et se délecte même de la méthadone, qu'il doit boire pour calmer la douleur, ce médicament que prennent aussi les héroïnomanes en sevrage. Son médecin ne comprend pas comment ce liquide, réputé si mauvais au goût, puisse lui plaire. D'ici deux jours, il devrait enfin rentrer chez lui. Mais ce ne sera pas sans franchir une étape : il a maintenant une place réservée aux soins palliatifs de l'hôpital Saint-Charles-Borromée : «Ça m'a fait drôle. "C'est pour le confort", qu'on m'a dit. Que veux-tu, je suis rendu là. Je peux bien me mettre la tête dans le sable, mais je vais souffrir pour rien.» La résignation de l'abbé Gravel n'est pas étonnante. Par-dessus tout, il avoue avoir horreur de la souffrance. «Les douleurs, je ne suis pas capable d'endurer ça. Si je suis rendu à la fin et que je souffre énormément, j'ai demandé au médecin de me mettre dans le coma. Elle m'a promis que je serais soulagé.»

Les affaires de Raymond Gravel sont en ordre. Il lui reste bien quelques trucs à finaliser — écrire le déroulement officiel de ses funérailles par exemple —, mais il s'occupera de tout. «Ça se peut que je ne meure pas, mais je veux que tout soit prêt. Ça ne me tente pas de dire : j'ai oublié quelque chose.» L'abbé Gravel me dit qu'il est prêt à partir, et pourtant : «Laisser les gens que j'aime me fait de la peine, parce que j'ai l'impression de les abandonner. Mais j'ai confiance qu'au-delà de la mort, il y a une vie faite de plénitude, entière, totale et pleine d'amour. Juste y penser me console. Je m'imagine que je vais baigner dans ça, c'est l'euphorie. Ça va remplacer la cigarette.» L'abbé n'a toujours pas grillé de cigarette, malgré tout. Il ne refumera pas tout de suite, parce qu'il va trop mal. Mais lorsqu'il réclamera son paquet qui attend toujours bien au frais dans son congélateur, Gizem lui a promis de le lui apporter.

Cette marche, tellement difficile à gravir, c'est-à-dire quitter ceux qu'on aime, l'abbé Gravel affirme qu'il l'a pratiquement déjà montée. Mais ce n'est pas une étape que l'on peut franchir facilement seul. L'homme s'estime chanceux : de nombreux compagnons de passage l'aident à cheminer, comme s'ils lui retournaient ce qu'il a donné. Cette fois, il n'a pas de difficulté à recevoir :

> Je suis rendu sur le bord de la porte. J'ai parfois peur de m'y frapper la tête, mais je pense que, rendu là, elle va s'ouvrir toute seule. Une femme m'a demandé hier : «Comment fait-on pour mourir ?» Elle est aux soins palliatifs depuis un mois. Je lui ai dit qu'elle le saurait quand ça serait le temps, d'arrêter de s'inquiéter, d'entrer lorsque la porte va s'ouvrir. Elle est morte tout doucement. J'ai tellement vu de personnes le faire. Je sais un petit peu comment.

En prononçant ces mots, l'abbé Gravel éclate en sanglots. Il y a tout un pas entre savoir et passer à l'acte. Après une courte pause, le temps de reprendre le contrôle sur sa tristesse, il continue à parler. Mais sa voix est chevrotante, il est vulnérable. Comme si tout son être était sur le point de s'écrouler. « Il faut s'abandonner, même si c'est dur, même s'il y a quelqu'un que tu aimes à tes côtés. Il faut lui dire : aide-moi à partir. Si on me retient, je vais vouloir rester et ça va me faire mal. Mes proches sont prêts à vivre ça. Toute ma famille et venue me voir, même ma mère de quatre-vingt-dix-ans ans qui ne sort jamais de chez elle. »

Chaque phrase qui sort de la bouche du malade prend des allures de bilan. C'est son dernier été : « Je dirais même que je ne me rendrai pas à l'automne. » Nous reparlons du premier pronostic qui lui avait été donné. De trois à six mois de vie. Il trouve encore prétentieux d'affirmer ce genre de chose, mais il convient qu'au fond, cet impair aura été pour lui une source de motivation. « Il m'avait même dit : vous n'êtes pas une statistique. Vous pouvez vous battre si vous voulez. Je me suis battu pendant dix mois. » Et il continue de se battre, parce qu'il aime la vie : « J'ai encore cet espoir-là de guérir. Il y a peut-être des petites bibittes en dedans qui travaillent pour tuer mon cancer. Le cancer, ça ne se guérit pas seulement avec les médicaments. Ça se guérit par le moral, par la nourriture, par le bien-être. Je crois que tout est possible. »

Le malade paraît si frêle dans sa jaquette d'hôpital. Raymond Gravel a toujours été chétif, mais dans les deux dernières semaines, il a perdu près de trente livres, affirment les médecins. L'énergie de son ancienne vie lui manque beaucoup, cette époque où il pouvait s'endormir tout habillé après une journée effrénée et repartir dès le matin. Mais cette abondance d'énergie lui a fait mener bien des combats inutiles, observe-t-il. Sa nouvelle vie a tout de même des avantages. Jamais n'a-t-il pu voir autant ses proches. L'abbé Gravel a même apprivoisé un aspect de sa vocation qu'il ne maîtrisait pas : l'écoute des malades. On se sent toujours un peu comme un chien dans un jeu de quilles lorsque l'on va à la rencontre d'une personne souffrante. Avec un désir brûlant d'apporter du réconfort, mais sans aucune idée de comment y parvenir. Que doit-on dire pour l'aborder ? L'abbé Gravel peut aujourd'hui affirmer que les mots sont inutiles. La simple présence suffit.

> *C'est dommage que je ne puisse pas vivre parce que j'ai appris des affaires qui pourraient me servir pour aider les autres à mourir. Maintenant, je sais comment être à l'écoute sans m'imposer. Tu sais, cet acharnement à demander au malade s'il nous entend. Ça venait me chercher ! Je t'entends, je ne suis pas capable de te parler, innocent ! T'as le goût de répondre ça, mais t'es dans le coma quasiment. Les gens sont là, ils te touchent. Est-ce que tu m'entends ? Ben oui, je t'entends, mais lâche-moi !*

Dans ces circonstances, alors que nous sommes plus émotifs, j'ai de la difficulté à maintenir cette distance professionnelle qui a toujours caractérisé nos entretiens. Si je voulais comprendre sa pensée et ses réflexions, je ne voulais pas qu'il soit question de moi. Mais aujourd'hui, je viens de perdre mon emploi et je donne un coup de canif dans le contrat en faisant ce que n'importe qui d'autre aurait fait en compagnie d'un prêtre : demander conseil. Je demande à l'abbé Gravel si, comme individu, il fallait en arriver à dire merci pour tout ce qui nous arrive dans la vie. «On peut rendre grâce, me répond-il. Mais rien ne nous force à dire merci pour l'épreuve.» Lui-même n'a pas dit merci pour sa maladie. En être capable, ce serait être bien proche de la sainteté, peut-être même de la folie, ajoute-t-il du même souffle. Et le célèbre adage populaire voulant que rien n'arrive pour rien est à classer dans la même catégorie «bouillie pour les chats». «C'est comme si on avait un destin tracé d'avance. J'ai horreur de ça.» Il y a donc une grande marge entre la gratitude et l'acceptation. Raymond Gravel peut dire merci pour une chose : l'accompagnement de Dieu dans cette épreuve, précise-t-il. Mais il fait attention aux mots, comme s'ils pouvaient influencer grandement la suite des choses : «Il ne faut plus que je dise "mon" cancer : ce n'est pas à moi. Même que s'il pouvait être à quelqu'un d'autre, j'aimerais mieux ça. Des fois, je vous envie. Pourquoi moi, je l'ai, et pas vous? Qu'est-ce que j'ai fait de si mal que ça? C'est naturel et humain de penser ça. Je n'ai rien fait pour mériter le cancer.» Raymond Gravel est toujours aussi déroutant de franchise. Combien de personnes ont pensé la même chose dans sa situation, sans oser le dire? On ne peut pas être totalement serein face à la mort : l'idée de mourir provoque des écarts de folie, de la faiblesse, à un moment ou à un autre. Personne n'y échappe.

Son cellulaire sonne. Il prend le vieux téléphone à rabat qui se trouve dans la poche de sa jaquette et répond. Voilà une autre chose qui ne change pas : lorsqu'on l'appelle, l'homme répond, qu'il soit déjà en train de converser ou non. C'est un pompier de Laval qui le joint pour prendre de ses nouvelles. Un reportage sur son hospitalisation a été diffusé hier à Radio-Canada : *Le dernier été de l'abbé Gravel*. C'est l'abbé lui-même qui a pris contact avec l'animateur de *Second Regard*, Alain Crevier, pour l'informer de sa situation. Après quelques minutes, tout au plus, Raymond Gravel raccroche, puis replonge rapidement dans notre conversation. Il n'éternise jamais les appels téléphoniques. J'y vais d'une dernière question : «C'était un besoin pour vous que les médias s'intéressent à votre situation?» Raymond Gravel est incapable de me répondre sur-le-champ, terrassé par une émotion très vive. Ses yeux se remplissent à nouveau de larmes. Ses mots trouvent difficilement leur chemin à travers sa gorge nouée. Et même lorsqu'ils le feront, les sanglots leur barreront la route à plusieurs reprises.

> *Je me suis souvent fait accuser de jouer à la vedette, mais je le fais pour ceux qui restent. Ma vie a été mise au service des autres. Si je peux aider quelques personnes à supporter leurs souffrances, tant mieux. Moi, je ne serai plus là de toute façon. Quel mérite je retire de ça? Je vais mourir. J'ai déjà essayé de me servir en premier et ça ne marche pas, ajoute-t-il en se remettant à pleurer. Quand je fais ça, je deviens malheureux et je fais des gaffes. Le faire pour les autres, ça m'aide. C'est égoïste un peu, ce que je te dis là.*

Pour appuyer ses dires, il me raconte cette histoire qui lui est arrivée à La Plaine, alors qu'il y célébrait une dernière messe. Un jeune homme, cheveux longs et gros écouteurs vissés sur les oreilles, est venu le voir pour lui balancer à la figure que son témoignage l'avait convaincu de cesser de fumer. «Le gars est jeune et peut-être qu'il ne mourra pas du cancer. Je n'aurai aidé que cette personne-là et ce sera suffisant pour moi», rajoute-t-il, encore en sanglotant.

«C'est correct, monsieur Gravel, dis-je. Vous pouvez vous accorder une pause. Vous n'avez plus besoin d'être si dur avec vous-même maintenant.» Il s'excuse encore de parler trop vite, de verser des larmes. Je repars en lui disant que je passerai le voir quand il le voudra. Raymond Gravel côtoie la mort et je ne le réalise pas encore. Et pourtant, la course folle des aiguilles de l'horloge est maintenant impossible à ignorer.

# Le retour à la maison

**30 juin 2014**

*J'étais résigné à mourir.*
*J'avais tellement mal que j'ai même demandé*
*au docteur de me faire une piqûre.*

L e temps file, et la détérioration de l'état de santé de l'abbé Gravel insuffle une dose d'urgence à mon projet. Je dois rencontrer l'homme d'Église aussi souvent que possible. Ma dernière visite à l'hôpital remonte à une douzaine de jours déjà. De retour chez lui, il va mieux; mais son retour à la maison est caractérisé par une autre série de petits deuils et de renoncements. C'est maintenant au tour de l'abbé Gravel d'avoir un lit d'hôpital chez lui, comme son ami Gilles, quelques mois auparavant. Une autre manière de jauger la gravité du mal qu'il combat. L'inhospitalière pièce de mobilier tranche avec le décor de la maison.

Pour la première fois depuis notre première rencontre, en octobre 2013, nous arrivons à nous installer dehors pour notre entretien. En ce lundi de fin juin, le temps est doux. Une chaleur qui semble capable d'apaiser le corps et l'âme du malade. L'idée de quitter l'hôpital inquiétait Raymond Gravel, mais des liens ont été tissés. S'il en ressent le besoin, il pourra y retourner sans passer par l'urgence. Ces détails semblent anodins de l'extérieur, mais ils sont tout ce qui compte. L'abbé me montre fièrement le dispositif pour prendre ses médicaments. Un calendrier-dosette, préparé à la pharmacie. La docteure a aussi montré à Gizem comment administrer les piqûres de morphine. «Gizem est tout le temps ici de toute façon. Ça me sécurise», confesse l'homme. Le ton de sa voix a changé, mais ce n'est pas une altération liée à la maladie comme j'en ai entendu si souvent au cours des derniers mois. Sa manière de parler est devenue plus calme, plus grave. Comme si quelque chose s'était éteint, ou brûlait d'une flamme moins vive.

Mais il arrive encore à s'émerveiller, lui qui a arraché plus de temps à la vie qu'on lui en donnait. Raymond Gravel, qui ne devait pas voir le printemps, a les yeux grands ouverts en ce début d'été. « Le soir, on dort bien ici. Il y a toujours une brise, ce n'est pas un vent qui est fatigant. » Il y a aussi les petites victoires imprévues. L'abbé Gravel portait des lunettes depuis une vingtaine d'années. Subitement, sa vue s'est rétablie, un effet collatéral de ses derniers traitements de radiothérapie. On a dû ajuster sa prescription : « C'est comme si j'avais eu une opération au laser. Le docteur n'en revient pas. D'habitude, ça détériore la vue. » Acheter une nouvelle paire de lunettes, ce n'est pas le geste de quelqu'un qui n'en a plus pour longtemps. L'homme pense qu'il peut encore se battre. Il prend du mieux : « Le médecin m'a dit que tout est possible, mais je sens que le cancer est là, aux poumons, et qu'il grossit. Je dois recevoir de nouveaux traitements », souffle-t-il. Mais est-il en paix avec la mort ? S'était-il fait à l'idée ? « Tout peut arriver, réplique-t-il. J'ai préparé toutes mes affaires. » Aux portes des soins palliatifs, Raymond Gravel a bien cru que ça en était fini. Avec l'espoir de vivre, il voit néanmoins la saison estivale s'égrainer au fil des jours, au même rythme que sa vie. « J'ai dit au Seigneur : si ma mission est finie, finissons-en et sinon, je veux revenir à la santé, mais je ne me fais pas d'illusions. » Il est résigné, mais il croit encore que le miracle est possible, qu'il peut se guérir lui-même. « Pas naïvement », précise-t-il. Alors qu'il était à l'hôpital, Raymond

Gravel a reçu la visite d'un homme qui lui conseillait d'arrêter la chimiothérapie. « Je pense même qu'il a posé ses mains sur moi pour enlever le mal. Il n'a pas réussi. Dans mes prières, j'ai demandé à Dieu de ne pas m'envoyer de charlatan. J'aime mieux me fier aux médecins. »

Plus les minutes passent, plus la fatigue se manifeste. Même s'il a frôlé la mort, le malade n'est pas au repos total. La veille, il a participé à l'émission de télévision animée par Christiane Charrette, *125, Marie-Anne*, un tournage en direct de plusieurs heures. En fin d'émission, Gilbert Rozon lui a porté un toast plutôt douteux : « À l'au-delà, l'abbé ! » d'un ton bien senti, sans que personne, sur le plateau, ne comprenne vraiment ce qu'il voulait dire. L'animatrice a tenté de dissiper le malaise de son mieux. Josélito Michaud a refusé de lever son verre. « Une platitude. C'est comme s'il me souhaitait la mort », relate l'abbé, froissé.

Notre entretien n'aura pas duré vingt minutes. L'abbé Gravel est assommé par la morphine. Il se sent fragile. « Je ne prends pas de mieux. Au fur et à mesure que la maladie avance, elle progresse à un point tel que tu finis par la sentir. Surtout aux poumons, tu la sens par la respiration, tu la sens par les mouvements. C'est dans les os aussi. Quand je tousse, ça me fait mal jusque dans la colonne vertébrale. » Devant moi, Raymond Gravel ne peut s'empêcher de bâiller. Si je ne prends pas congé de lui, il y a de fortes chances qu'il ne sache pas s'arrêter de lui-même.

# Le dernier projet

## 6 juillet 2014

*La religion nous a nui.*
*Elle fige certaines choses qui doivent évoluer.*
*C'est la foi qui est importante, pas la religion.*

Moins d'un mois après son hospitalisation, l'abbé Gravel a repris le collier. Ce dimanche de juillet est particulièrement chargé. Après avoir célébré deux messes le matin, il s'est rendu dans une fête-anniversaire. L'abbé doit aussi aller célébrer des funérailles en soirée. Malgré la fatigue, il prend tout de même le temps de me recevoir en milieu d'après-midi. La courtoisie et les bonnes manières veulent qu'en général, on ne reste pas trop longtemps chez un malade. Mais l'abbé Gravel est un moulin à paroles. Cette fois, nous discutons pendant plus d'une heure. Notre conversation commence par ce qui est essentiel pour tout malade : le bilan de santé et la progression des traitements. Après quatre ou cinq heures passées debout, Raymond Gravel doit s'allonger; sinon, il est en proie à des nausées. Il n'a pas toujours besoin de dormir, dit-il, s'étendre suffit. La maladie l'oblige à adopter certaines stratégies. L'abbé Gravel est maintenant un peu comme ces marathoniens qui se concentrent sur leur respiration dans les derniers kilomètres avant l'arrivée. Je lui demande quels conseils il donnerait à ceux qui viennent d'être frappés par le cancer. Bien manger et bien dormir et une bonne routine, répond rapidement l'abbé. Chaque midi, il se rend à l'abbaye Notre-Dame-de-la-Paix, chez les sœurs bénédictines de Joliette pas, trop loin de chez lui. La nourriture lui rappelle celle que lui concoctait sa mère; ces repas lui apportent le réconfort. Le soir, Gizem lui réchauffe quelque chose, l'un des plats laissés par les nombreux bons samaritains qui lui ont rendu visite. Puis, Raymond Gravel se couche vers vingt-deux heures. Il se réveille vers cinq heures le matin. Les mots croisés, un peu de lecture et son bréviaire lui font commencer la journée en douceur. Il sommeille ensuite quelques dizaines de minutes supplémentaires. Il faut aussi savoir se détendre. Il s'adonne maintenant à la relaxation en écoutant des enregistrements. Rien à apprendre, seulement des mots à écouter : « Je voyais la chimiothérapie comme du poison. Le médecin m'a dit qu'il fallait l'envisager comme un remède. Quand le remède entre, il faut se dire que ça tue le cancer. Quand tu tousses, tu craches le cancer. Avant, j'imaginais le cancer comme une grosse bibitte qui me mangeait. Tandis que, maintenant, je le vois partir. C'est facile à faire, il ne s'agit que de commencer. »

Depuis que Raymond Gravel est hospitalisé, je souhaite aborder des thèmes qui lui sont chers lors de chaque visite. L'importance de la figure de la Vierge Marie, mère du Christ, dans sa trajectoire spirituelle en fait partie. Impossible de manquer la statue de la Vierge qui trône dans la cour arrière de la petite maison de la rue Champagne. Du haut de son socle, la géante de plus de deux tonnes règne en maîtresse. Raymond Gravel a fait l'acquisition de la statue pour cinq cents dollars, il y a quelques années, lors du démantèlement de l'église Saint-Étienne à Montréal, au coin de Christophe-Colomb et de Bellechasse. Il s'y était rendu pour acheter les cloches pour l'église de L'Épiphanie, où il exerçait alors son ministère. Marie et les cloches seront du voyage pour Lanaudière dans un wagon utilisé pour la récolte des foins. Il fera d'abord installer la madone à

En 1970, la foi indépendantiste de Raymond Gravel s'éveille et s'affirme alors qu'il assiste à un discours de René Lévesque.

Trente-six ans plus tard, en octobre 2006, il décroche, sans opposition, l'investiture du Bloc québécois dans la circonscription de Repentigny, en prévision d'une élection partielle rendue nécessaire par le décès abrupt de Benoît Sauvageau.
Le 27 novembre 2006, il est facilement élu, entamant ainsi un mandat qui durera presque deux ans.

◀

Raymond Gravel en compagnie de son chef, Gilles Duceppe.

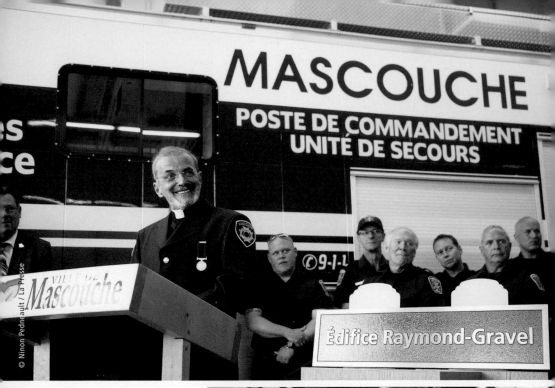

Le 14 juillet 2014,
les pompiers et la Ville de
Mascouche donnent le nom
de l'abbé Gravel à leur
nouvelle caserne : l'Édifice
Raymond-Gravel. Il s'agit
d'une entorse volontaire
aux règles officielles de la
Commission de toponymie
du Québec, stipulant qu'une
personne doit être décédée
depuis un an avant que l'on
puisse donner son nom à un
édifice ou à une rue.

Un moment de bonheur
durant ce long combat :

« J'ai vécu beaucoup
d'émotions, assez que
j'avais le motton quand
j'ai pris la parole.
J'ai fait brailler le monde.
La caserne est juste en face du
centre René-Lévesque.
Je suis content. »

Quelques jours après cette cérémonie, l'abbé Gravel est hospitalisé pour une deuxième fois.

Ci-haut et à gauche, en 2003, alors qu'il est curé de la paroisse de St-Joachim-de-La-Plaine. C'est à cette époque qu'il commence à se faire remarquer des médias, notamment pour sa position en faveur du mariage gai.

En haut à droite, en octobre 2013, quelques semaines après avoir appris qu'il était atteint du cancer. Installé depuis quelques années dans une petite maison à Joliette, Raymond Gravel n'avait jamais pris le temps de contempler la rivière L'Assomption qui bordait sa cour arrière. « Je me disais tout le temps que je ferais ça quand je serais vieux, mais peut-être que je ne serai jamais vieux! »

◀

Ardent nationaliste, l'abbé Gravel célébrait la messe, le 24 juin, avec une étole bleue arborant d'un côté la croix chrétienne et de l'autre, la fleur de lys.

▼ Lors d'un traitement de chimiothérapie
à l'hôpital St-Charles-Borromée.
Comme toujours, capable de sourire
même dans les moments les plus difficiles.

Le grand sourire de Raymond
Gravel s'est éteint le 11 août 2014
Il avait 61 ans

Il aura déjoué de quelques moi*
le pronostic, qui lui donnai*
au mieux six mois à vivre

© Ian Barrett / Presse canadienne

son chalet de Saint-Gabriel-de-Brandon, puis à Joliette. L'opération lui a coûté deux mille dollars, et ce, sans compter l'aide des proches, puisque l'un de ses frères était chargé du transport. Pour se donner autant de trouble, Marie doit valoir la peine. Pourquoi est-elle si importante pour lui ?

D'aussi loin qu'il se souvienne, la naissance de Jésus, telle que la représente le dogme officiel, l'a toujours agacé : « Ils en ont fait un genre de miracle : le petit Jésus qui est né à travers un rayon de soleil. Ça ne tient pas debout et ça le désincarne. Jésus était un homme, pas un demi-dieu. Je me suis rendu compte que tout ça provient du Moyen-Âge. » Vers l'âge de treize ans, la mère de Jésus serait peut-être tombée enceinte d'un soldat romain qui participait à un recensement à l'époque, croit l'abbé. Selon d'autres, Marie était une mère célibataire qui a été victime de viol. Le fruit de ses entrailles est devenu le fils de Dieu. Un modèle à l'origine atteignable pour le commun des mortels a été ainsi transformé en image figée, fabriquée pour asseoir le pouvoir d'une institution sur le fidèle, selon l'abbé Gravel « On impose un modèle : la Vierge Marie est enceinte, elle n'a jamais couché avec un homme. C'est ça que vous devez croire », dit le prêtre, indigné. Je demande à l'abbé Gravel pourquoi, c'est si important de déboulonner ce mythe, alors qu'il y en a tant d'autres : « Parce que je voulais montrer que Jésus, c'était un être humain, comme nous. Il a vécu sa vie d'homme et c'est grâce à ça si aujourd'hui, par notre vie d'homme, on peut lui ressembler. »

L'abbé Gravel s'est rendu à Rome pour se faire des recherches en ce qui a trait à son mémoire de maîtrise. Son professeur italien de l'université pontificale Grégorienne déclinera l'offre de le diriger, en raison du sujet, qu'il considère comme étant trop sensible. Le jeune prêtre revient au pays pour amorcer la rédaction de son mémoire sous l'égide d'André Myre, un prêtre jésuite qui enseigne à l'Université de Montréal : « Un homme très sévère. Il m'a fait recommencer trois fois. À un certain moment, j'ai su ce qu'il voulait. J'ai écrit deux cent soixante-douze pages et je les lui ai montrées. Il m'a donné quatre-vingt-dix pour cent. » Pour la petite histoire, André Myre a par la suite défroqué et s'est marié à une sœur, elle aussi défroquée. Grâce à son directeur, le jeune étudiant a su surmonter ses hésitations et sa crainte d'être jugé : « J'essayais de dire les choses sans m'incriminer, alors qu'il fallait y aller. »

Tandis que Raymond Gravel discute avec passion de son sujet, un observateur se joint à nous. Pacha le chat grimpe sur le lit de son maître pour se blottir contre lui. L'animal a la figure déformée : son nez est enflé depuis un mois. Une épaisse bosse que les antibiotiques n'ont pas réussi à faire disparaître. Il faudra l'emmener chez un vétérinaire de Laval pour une biopsie. « Il a peut-être été piqué par une araignée, suppose l'abbé Gravel. Il a toujours le nez dans la fenêtre. » Comme si l'homme d'Église n'avait pas assez de sa santé pour le tourmenter, voilà que celle de son ami félin l'inquiète.

Demain, Raymond Gravel reprendra la chimiothérapie et ça aussi, ça l'inquiète. Les traitements sont rudes, mais il en a besoin. L'homme a un dernier projet qui lui insuffle cet impératif besoin de vivre : à la fin août, lui et quelques proches doivent s'envoler pour Rome. L'objectif : rencontrer le pape François. « Je vais apporter ma soutane. Je la porterai si j'ai la chance de le rencontrer », lance-t-il, déjà en train de préparer ses valises dans sa tête. L'abbé Gravel porte le col romain sans rechigner, mais la soutane est un peu trop formelle pour lui. Mais pour le pape, il fera une exception. L'abbé Gravel me redit jusqu'à quel point il voue une admiration sans bornes à ce nouveau pape qu'il juge simple, et qui loge dans un appartement modeste et prépare lui-même ses repas : «J'aimerais lui dire que je l'aime et qu'il fait du bien à ma foi. Je trouve ça triste de mourir parce que je ne pourrai pas travailler avec lui. Il pose des gestes qu'aucun pape n'avait osé poser avant lui.» L'évêque de Joliette, Gilles Lussier, vit selon les mêmes préceptes, poursuit l'abbé, en parlant de son prélat avec respect. Justement, son supérieur doit rencontrer le pape prochainement. Peut-être pourrait-il intercéder pour moi auprès du pape afin que je le rencontre : «Je vais lui demander de dire au pape que j'aimerais le voir. Juste cinq minutes, ce sera suffisant.»

# Le pardon

**6 juillet 2014**

*Quand je l'ai vu, il était à terre.*
*Les épaules au plancher.*
*Mon père m'a toujours dit*
*qu'on ne fesse pas sur un homme à terre.*

Il fait beau et Raymond Gravel semble encore plein d'énergie. Aujourd'hui, il ne ressent pas le besoin de s'allonger sur le lit d'hôpital dans la salle de séjour. Bien installé sur le canapé, l'homme a encore la parole facile. Je décide donc de l'interroger sur un autre sujet qu'il me faut absolument aborder avec lui : le pardon. L'abbé Gravel assure que pardonner ne lui a jamais été difficile, qu'il pardonne, tout de suite. Ça ne rend pas le processus du pardon simple pour autant. Il y a des conditions à respecter pour y parvenir : «Parfois, l'autre n'est pas prêt», dit-il. À ce chapitre, le guide qui éclaire la conduite de l'abbé Gravel est un livre issu de la réflexion du père Jean Montbourquette, *Les douze étapes du pardon*. Prêtre et psychologue, auteur de nombreux ouvrages sur le développement personnel, Jean Montbourquette a tenté dans ses travaux de concilier l'approche psychologique et spirituelle. La première de ces règles, issue du cinquième chapitre de l'évangile selon Matthieu : «tendre l'autre joue». Raymond Gravel m'explique que, contrairement à ce que j'ai toujours pensé, «tendre l'autre joue», ce n'est pas aller au-devant des coups ou accepter les injures sans protester. Tendre l'autre joue, c'est prendre la décision de ne pas se venger : «Ça ne veut pas dire d'être épais. Accepte que l'autre soit dans le tort et il va finir par le reconnaître. La vengeance, il n'y a rien de pire que ça, plaide le prêtre», en faisant ensuite référence aux agitations qui secouent alors le Moyen-Orient. «En Palestine, ils viennent de brûler un jeune après l'enlèvement et le meurtre de trois adolescents israéliens. Les Juifs se sont vengés et les Palestiniens vont se venger encore. Ça n'arrêtera jamais. Ça ne donne rien, la vengeance.» Moi qui croyais que nous devions, selon les enseignements de la religion, pardonner tout, à tout le monde, tout le temps, je m'aperçois qu'il y a beaucoup de petits caractères dans la politique du pardon. Bref, le pardon chrétien, dans toutes ses nuances, est à visage humain, comme les offensés et les offenseurs : «Parfois, il faut savoir dire à la personne qui nous a fait du mal : je t'ai pardonné, mais tu ne seras jamais mon ami. Parfois, c'est mieux de mettre cartes sur table et de dire à l'autre : c'est terminé. Je te pardonne, tu me pardonnes, mais on se détruit si on continue la relation.»

S'il y a en à un à qui personne n'accorde son pardon, au Québec, c'est bien Guy Turcotte. Pourtant, l'abbé Gravel prend sa défense avec une vigueur difficilement explicable. La nuit du vingt au vingt et un février 2009, le cardiologue Guy Turcotte, dans un moment de pure destruction, a pris la vie de ses deux enfants, Olivier, cinq ans et Anne-Sophie, trois ans. Quelques semaines après l'infanticide survenu à Prévost dans les Laurentides, l'abbé Gravel est appelé pour célébrer les funérailles des deux petites victimes, dans un complexe funéraire de Pointe-aux-Trembles. Le jour de la cérémonie, le deux mars 2009, il reçoit un appel du père et meurtrier des enfants : «Il ne voulait pas que je le blâme dans mon sermon. Je lui ai dit : "Guy, je n'ai pas le temps de te parler, j'officie les funérailles de tes enfants aujourd'hui"», se rappelle-t-il encore clairement. Aux journalistes qui faisaient le pied de grue en bordure du salon funéraire, Gravel témoignera ce jour-là de la force d'Isabelle Gaston, une femme qui avait tout pour s'en sortir. Mais aujourd'hui, alors qu'il se remémore les événements, le ton a changé, et l'abbé soutient que leur relation est rapidement devenue tendue. Il reproche à Isabelle Gaston d'avoir voulu lui dire comment mener la célébration, lui qui a une réaction épidermique aux ordres. Ils seront à couteaux tirés par la suite.

Raymond Gravel est l'une des rares personnes qui ont visité le meurtrier quand il se trouvait à l'Institut Philippe-Pinel. Le face-à-face a lieu une semaine après les funérailles. Le père de Turcotte et son psychiatre s'opposaient au départ à cette rencontre. Lorsqu'il raconte cette journée, l'abbé Gravel reparle immanquablement du garde qui lui avait demandé de cogner dans la fenêtre s'il se sentait menacé. «Il n'était pas menaçant du tout. J'aurais pu faire ce que je voulais avec lui», lance-t-il, en tournant au ridicule les consignes de sécurité. «Tue-moi.» Ce sont les premiers mots qui sortent de la bouche de l'ex-cardiologue, alors que Raymond Gravel s'installe dans ce confessionnal hors-norme. «Comment veux-tu ça? Par pendaison, par balle? Je suis un habitué», lui réplique-t-il, pour démontrer à son vis-à-vis le caractère absurde de sa requête, que l'abbé rejette du revers de la main. Le dialogue peut s'amorcer. «Il m'a parlé de sa vie, de ses parents et de sa femme. Je n'ai pas osé lui parler de son homosexualité, alors que j'avais deviné. Je ne l'ai rencontré qu'une fois et j'ai su.» À l'époque, le cardiologue ne s'est pas encore présenté devant juge et jurés. Raymond Gravel est convaincu que l'orientation sexuelle refoulée de Guy Turcotte y est pour quelque chose dans le drame. Une opinion qui se renforcera durant le procès, lorsque l'ex-conjointe du cardiologue racontera l'avoir surpris, à deux reprises, en 2001 et 2008, à consulter de la pornographie homosexuelle sur internet. Guy Turcotte assurera, de son côté, n'avoir jamais douté de son orientation, se disant hétérosexuel.

Pendant deux heures, les deux hommes parlent de cette vie qui a pris racine dans une famille très religieuse et pratiquante. Le genre de catholiques qui adhèrent à une doctrine orthodoxe, dit l'abbé : «Ce gars-là a été malheureux toute sa vie. C'est un méchant beau gars. Il avait tout pour lui : médecin, un beau bonhomme. Il aurait pu faire sa vie autrement. C'est une victime du système.» Une victime. L'affirmation est pour le moins choquante. Je le laisse poursuivre le récit de leur rencontre. Tranquillement, au fil des minutes, le ton de l'abbé Gravel s'aigrit. Dans cette salle de visite, le prêtre et l'accusé parlent de cette vie, devenue un enfer sur terre, jusqu'à atteindre un pic d'atrocité qui le fait exploser lors de cette nuit de février. «Il n'y a rien de plus dégueulasse que ce qu'il a fait. Avoir été là, je lui aurais sacré une maudite volée. Mais qu'est-ce qui pousse quelqu'un à faire ça? Faut être malade quelque part...», dit Raymond Gravel de façon tempérée, en soufflant le chaud et le froid. Il faut en effet que cet homme ait été malade ou fou pour arracher ses propres enfants à la vie. Sinon, qu'arrivera-t-il de nous? Sa pire erreur serait d'être resté en vie après sa tentative de suicide, pensent pour leur part plusieurs. Or, personne n'est à l'abri de la folie, et de la folie meurtrière, prévient l'abbé Gravel : «Nous sommes tous capables. Ça ne t'est jamais arrivé, de perdre la carte, d'être choqué noir? Et si tu avais un fusil, tirerais-tu sur la personne? Tu n'as pas de fusil au moment où ça arrive, mais tu pourrais. Tuer ses enfants, c'est ce qui est moins explicable. Il les aimait, ses enfants, pourquoi les tuer?»

Malgré l'atrocité du geste, l'homme peut se repentir et faire amende honorable, croit l'abbé Gravel. «Je comprends qu'on en veuille à Guy Turcotte après ce qu'il a fait, mais on ne peut plus revenir en arrière. Ça ne nous rendra pas les enfants. Il a payé, il l'a payé cher. Mais pour le monde, ce n'est pas assez. Le monde voudrait qu'il soit en prison; même, si on pouvait le pendre, ça serait encore mieux. Les gens ont l'esprit de vengeance et moi je ne suis pas d'accord», déclare-t-il. Raymond Gravel croit toutefois que Guy Turcotte est sorti trop vite de l'Institut Philippe-Pinel. Mais, pour lui, après qu'il ait été déclaré non criminellement responsable de ses actes, l'homme n'avait pas à y passer le restant de ses jours. L'abbé Gravel, dans ce cas comme dans plusieurs autres cas de meurtre, croit à la possibilité d'une réhabilitation : «Je ne le condamnerais pas à la prison à vie. Aux crochets de la société? Ça va faire quoi, quand il va sortir, après dix ans? Une épave. Il va se faire vivre par le BS. Je l'enverrais travailler pour Médecins sans frontières dans un pays du tiers-monde. Ça serait un bon médecin et je suis sûr qu'il pourrait se reprendre.»

Raymond Gravel se montre très compréhensif et très clément à l'endroit de l'ex-cardiologue. Pourtant, j'ai déjà entendu l'homme prendre un ton vindicatif pour des personnes qui n'avaient pas vraiment commis de fautes. Les victimes des frères de Sainte-Croix, entre autres. À travers les mots de cet homme, réputé pour son ouverture et son acceptation des exclus et des marginalisés, les victimes d'abus sexuels commis par des religieux devenaient des profiteurs avides d'argent. Exit la compassion. Dans ce cas précis, j'arrivais à m'expliquer son raisonnement : lui-même victime d'abus de la part d'un frère religieux à douze ans, il refuse de s'identifier comme étant une victime.

Dans l'affaire Guy Turcotte, sa dénonciation du désir populaire de vengeance repose sur une certaine logique. Mais comment expliquer qu'on puisse défendre un homme qui a avoué avoir tué ses enfants et honnir des victimes d'abus sexuels ? C'est comme si le prêtre avait lui aussi une compassion à deux vitesses… Raymond Gravel et Guy Turcotte n'ont pas vraiment de points en commun et ils ne viennent pas du même milieu, leurs familles ne pratiquaient pas avec la même ferveur.

Cet homme, devenu l'archétype de l'infamie pour l'immense majorité, Raymond Gravel l'a trouvé beau et ne s'est jamais gêné pour le dire. Assez pour que certains soutiennent qu'il ressentait une attirance, fait Raymond Gravel sur un ton ironique : «Y a même quelqu'un qui a dit que je voulais coucher avec lui. Franchement ! Simplement parce que j'ai dit que c'était un beau bonhomme. Les gens sont épouvantables.» À la suite de leur entretien, l'abbé Gravel n'a plus jamais eu de contacts avec Guy Turcotte. Ils se sont parlé au téléphone, mais le psychiatre de l'accusé lui a interdit tout droit de visite.

Qu'a-t-il vu dans les yeux de cet homme qui lui a permis de tout lui pardonner ? Y a-t-il vraiment une réponse logique à cette question ? Car le regard que porte Raymond Gravel sur l'affaire Turotte semble bien plus influencé par l'émotion que par la logique. Au moment où j'écris ces lignes, l'ex-cardiologue a recouvré sa liberté et vit dans l'attente de son deuxième procès. Pourra-t-on un jour comprendre ce qui s'est passé dans sa tête lors de cette nuit de février 2009? Probablement pas. Je reste encore hanté par la question que Raymond Gravel dit avoir lancé à Guy Turcotte à la fin de leur rencontre : «"Toi qui es cardiologue, pourquoi les as-tu tués à coup de couteau? Tu avais accès à des médicaments." Il m'a regardé et il a commencé à pleurer. Il n'était pas capable de répondre et ne m'a jamais répondu.»

# L'édifice Raymond-Gravel

**15 juillet 2014**

*Je suis content, mais c'est quand même drôle
de voir son nom sur une plaque avec un trait d'union.*

J'arrive vers quatorze heures chez l'abbé Gravel, alors qu'il se repose dans le lit d'hôpital de la salle de séjour. Le malade se remet de la première semaine de nouveaux traitements de chimiothérapie et supporte bien l'épreuve. Il a encore un peu mal aux poumons lorsqu'il tousse, mais moins qu'avant. Il affiche une meilleure mine que la semaine dernière, mais il a maigri, encore.

Les traitements lui font du bien, tout comme l'hommage d'affection et de reconnaissance que lui ont livré les pompiers de Mascouche la veille. Leur nouvelle caserne porte désormais son nom : l'édifice Raymond-Gravel. Cela fait vingt-cinq ans qu'il est leur aumônier : « J'ai vécu beaucoup d'émotions, assez que j'avais le *motton* quand j'ai pris la parole. J'ai fait brailler le monde. La caserne est juste en face du centre René-Lévesque. Je suis content. » J'entends la fierté dans sa voix faible et feutrée. L'ancien premier ministre est celui qui a converti Raymond Gravel à la souveraineté du Québec. C'est en écoutant les discours de ce leader charismatique que l'abbé Gravel, après avoir choisi son Dieu, a choisi sa patrie. Être immortalisé en face de celui qui a attisé chez lui le désir de la nation, ce n'est pas si mal. Ça pourrait vouloir dire qu'on a fait quelque chose de bien, en fin de compte. Touché par l'hommage que lui ont rendu les pompiers, Raymond Gravel se plaint des trop rares marques d'estime que lui ont accordées ses pairs : « J'avais besoin d'être aimé, mais je n'ai pas une job pour ça. L'Église ne nous reconnaît jamais, nous autres. Hier, mon évêque n'a même pas voulu venir. Ça fait vingt-huit ans que je suis prêtre et ils ne m'ont jamais dit merci. »

Contrairement à ce que l'on pourrait penser, les prêtres ne font pas vœu de pauvreté. Les moines, en communauté, prononcent ce vœu, mais pas les prêtres, qui eux, travaillent en paroisse. « Des méthodes *cheap* qui n'ont pas d'allure », ajoute l'abbé Gravel. Pour célébrer la messe de Pâques, l'abbé Gravel a reçu, pour tout salaire, un chèque de cinq dollars. « Cinq dollars, ce n'est même pas le tarif diocésain ! C'est vingt-cinq dollars, minimum. Ils m'ont payé après coup, mais au début, c'est ce qu'ils voulaient me donner. »

Au lieu de répondre aux nombreuses lettres qu'il recevait, l'abbé Gravel a décidé de visiter tous ses paroissiens pour une ultime messe. C'est une sorte de tournée des adieux, comme les artistes de la scène en font avant de quitter les feux de la rampe : « Je suis bien reçu. Il faut croire que j'ai touché du monde. Mes célébrations sont annoncées d'avance, alors les églises sont pleines. C'est agréable aussi. Ils organisent la messe et après, il y a un dîner et une fête. Je me sens gâté. Ça fait du bien. »

J'en profite pour lui demander à quoi ressemblait la vie en paroisse pour lui. « Elle implique que l'on ne sait jamais combien de temps encore il nous reste à passer en compagnie des fidèles », dit-il. On ne sait pas quand on quittera les gens connus, tout au long de la route, quand il faudra se déraciner pour tout recommencer dans un autre coin du pays, encore là, sans savoir pour combien de temps. En vingt-huit ans, Raymond Gravel a reçu douze affectations à différentes paroisses : «Ils m'ont transféré souvent dans ma vie de prêtre. Normalement, tu fais six ans à un endroit, mais je faisais rarement plus de trois ans dans la même paroisse.» Peu après qu'il eut été ordonné, un collègue de Raymond Gravel lui a dit : «Si tu veux être heureux comme prêtre, apprends à partir. J'ai appris, et tu n'as pas le choix. Disons qu'il y a un prêtre qui a fait une gaffe quelque part, il faut remonter la place et ça prend un curé jeune et dynamique», explique-t-il, le plus simplement du monde. Quelles sont ces gaffes dont le prêtre parle? «Des fois, ce sont des prêtres qui se sont pognés avec du monde, d'autres qui ont volé, ou des pédophiles. Il y en a qui refusent leur nouvelle affectation, mais j'ai pour ma part tout le temps écouté. L'évêque m'a toujours dit : "Tu as fait un vœu d'obéissance".» Mais remonter des paroisses, ça ne se fait pas sans casser quelques œufs. L'abbé Gravel est reconnu pour ses prises de position tranchées et son caractère directif. Certaines paroisses sont enkystées par l'esprit de clocher, se remémore-t-il. Un esprit dans lequel il n'a jamais voulu «s'enfarger» : «J'ai déjà dit aux membres d'une chorale que j'allais leur faire venir un spécialiste pour le chant. Ils disaient qu'ils chantaient bien. Mais écoutez-vous chanter, bonyeu! C'est épouvantable! C'est rien pour attirer le monde à l'église. Vous allez apprendre à chanter, parce qu'autrement, je vais vous clairer toute la gang.» Comme curé de la place, vous aviez le droit de faire ça? lui demandé-je. «Il faut avoir du goût un petit peu. Toute chose mérite d'être bien faite. Il y en a qui ne savent pas lire et qui déforment les mots. Ça me choquait. Certains me trouvaient dur sur ces affaires-là, mais c'est une question de survie : il faut que les gens aient envie de revenir. Il y en a qui sont plates… La mort en bouteille !»

L'abbé Gravel a toujours été un perfectionniste et un travailleur acharné, qui a de la difficulté à laisser les choses aller. Il lui est encore difficile de demeurer inactif lorsqu'il se sent en forme : «J'y arrive mieux maintenant, parce que j'ai connu ce que c'était de prendre du temps. J'ai été forcé de le faire. Quand t'es un hyperactif, tu ne comprends pas ça tant et aussi longtemps que tu ne t'es pas frappé la tête contre un mur.» Ses découvertes ne s'arrêtent pas là. Il comprend aujourd'hui, à soixante et un ans, qu'il n'a plus à rendre service pour mériter l'attention des autres, pour être apprécié : «Ce n'est pas vrai qu'on se donne de la valeur uniquement en travaillant. On peut aussi rendre service sans se forcer, simplement en étant soi-même. Les gens l'apprécient aussi.» Je sens dans sa voix une flamme qui brûle un peu moins fort, mais qui n'est pas encore prête à s'éteindre.

L'abbé célébrera bientôt sa première année sans fumer. Il trouve cette privation moins difficile qu'auparavant et ne ressent plus le besoin de faire usage de tabac, mais il n'a pas remplacé la cigarette : «Le bien-être que tu ressens quand tu fumes, c'est comme un moment d'euphorie. J'en parle et ça me manque, ce moment-là. Si j'en avais une, je l'allumerais. Il y a une sorte de bien-être intérieur que tu ne retrouves pas ailleurs. Peut-être dans les cigarettes électroniques.»

Malgré ces images paradisiaques, l'abbé n'est pas prêt à rallumer pour autant. «J'en essayerai bien une avant de mourir. Pour l'instant, je me sens bien comme ça.» Le jeune

Gravel a onze ans quand il commence à fumer les cigarettes de ses parents. Puis, il se met à en acheter, à coup de trois pour une pièce de vingt-cinq cents. «Les dépanneurs nous en vendaient, même si on était très jeunes.» L'abbé Gravel fouille quelques instants dans ses poches de pantalon. Tout fièrement, il en sort un briquet. «Le même que l'an passé», précise-t-il. Le prêtre l'a ménagé et sa réserve de carburant est encore à moitié pleine. «Parfois, les gens ont besoin de feu, mais plus personne ne fume. Je m'en sers pour allumer des chandelles. Quand je fais des baptêmes, je les allume avec ça. Ça aide.» Quand l'abbé allumera autre chose que des cierges et des chandelles avec son briquet, lorsqu'il cédera à ce qui semble être, pour lui, davantage un besoin qu'un vice, il se saura alors irrémédiablement condamné. Quand il fumera, ce sera que tout s'achève: «Je peux me tromper, mais j'ai l'impression que je prends du mieux. J'ai passé un examen ce matin et j'étais confiant. À la grâce de Dieu, certaines choses nous dépassent», me lance-t-il, alors que je m'apprête à prendre congé de lui. «Tu es toujours le bienvenu», ajoute-t-il, lorsque je quitte la petite maison de la rue Champagne. Il ne lui reste que quelques semaines, mais il ne le sait pas encore.

# L'antichambre

**3 août 2014**

*Je suis tanné.*

J e n'ai pas réussi à voir l'abbé Gravel depuis deux semaines. Sa voix était presque inaudible lorsque je l'appelais, comme s'il était à bout de souffle. Il m'a rappelé, le premier août, pour me dire qu'il avait été hospitalisé à nouveau. Je passe le voir chez lui, deux jours plus tard, nous sommes un dimanche. Assis sur la terrasse, Raymond Gravel est entouré d'amis et de connaissances. Ce n'est pas le bon moment. Je repasse plus tard, mais il y a autant de monde. «Je suis tanné», me souffle-t-il, lorsque je m'enquiers brièvement de lui. Je lui laisse un cahier, pour qu'il puisse y écrire ses réflexions. «Pour les pensées», arrive-t-il péniblement à prononcer du bout des lèvres. Il est confus et assommé.

# Les adieux

8 août 2014

L'abbé Gravel est entré aux soins palliatifs. Il ne pourra pas aller rencontrer le pape. Je retourne le voir une dernière fois en compagnie de celle avec qui toute cette histoire a commencé : Ninon. Nous reprenons ce chemin que nous avons parcouru une dizaine de fois ensemble. C'est une belle journée du mois d'août. Sur la route vers Joliette, je déclare à voix haute que je croyais innocemment que ce moment n'arriverait jamais. Que l'abbé Gravel, cet homme qui semblait avoir autant de vies qu'un chat, allait toujours s'en sortir. Ce n'est qu'à l'hôpital que j'ai compris, en voyant l'affiche « Soins palliatifs », que lorsqu'il avait traversé cette porte, c'était pour un aller simple. Son voyage se terminerait bientôt.

Gizem vient nous accueillir, les larmes aux yeux. « Raymond ne va pas bien du tout. C'est une question d'heures ou de jours », nous annonce-t-il tout bas en chuchotant, comme pour nous mettre à l'abri de la mort qui est toute proche. Nous ne pourrons pas passer dire au revoir à Raymond Gravel en personne. Il est trop faible. Seule sa famille peut se tenir à ses côtés. C'est aussi à ce moment que je comprends. Malgré le temps que nous avons passé avec cet homme, nous ne sommes pas des proches. Nous n'avons pas à l'être non plus. Mais c'est ici que la distance s'établit. Je comprends que, lorsque je l'ai vu, quatre jours

plus tôt, affaibli et confus sur sa terrasse remplie de visi-
teurs, c'était la dernière fois. Après avoir remis un bouquet
de fleurs, nous repartons, sous le choc.

# La célébration

**14 août 2014**

*Je n'aime pas ça, les mots de la fin.*
*Parce que ce n'est jamais la fin.*
*C'est un nouveau départ.*

Raymond Gravel a rendu l'âme le onze août au matin, en douceur. Il ne lui manquait que quelques jours au compteur pour prétendre avoir vécu une année complète depuis l'annonce de son cancer. Il aura poussé son dernier souffle sans avoir pris une dernière bouffée de cigarette, tel qu'il se le promettait.

Trois jours après son décès, je me rends à Joliette pour l'exposition du corps, en chapelle ardente, à la cathédrale Saint-Charles-Borromée. L'abbé Gravel repose là, au bout de l'allée, à quelques pas de l'autel où il célébrait la messe de minuit il y a presque huit mois. Deux drapeaux du Québec sont postés de part et d'autre de son cercueil. Il porte sa soutane blanche et une étole bleue autour du coup, sur laquelle sont brodées une croix d'un côté, et une fleur de lys de l'autre. C'est l'étole qu'il portait lors des messes de la Saint-Jean-Baptiste. Il ne se ressemble pas. Il n'a plus mal maintenant.

Je transmets mes sympathies à sa famille ; puis, il me faut voir Gizem. Il nous attend devant l'entrée de la cathédrale. Lors de nos visites chez l'abbé Gravel, Gizem se mettait toujours en retrait et quittait souvent la maison. Il arrivait même que je ne puisse pas lui dire bonjour. « Je voudrais m'excuser si j'ai été froid et distant, mais je voyais tous les efforts que Raymond devait faire pour rencontrer les gens. » Quand les journalistes — et ils pouvaient être nombreux — allaient le rencontrer, il lui arrivait de mal dormir la veille et la nuit suivante. Gizem, toujours si affable et distant, se met aujourd'hui à parler de Raymond sans pouvoir s'arrêter, de l'homme qui l'était, de ses qualités et de ses défauts. Il a conservé des messages du défunt sur sa boîte vocale et cherche une manière de les archiver à partir de son téléphone, histoire de pouvoir entendre sa voix, encore.

On ne devenait pas ami avec Raymond, c'est lui qui vous choisissait, m'explique-t-il. « Raymond m'appelait tout le temps entre deux activités. "Tu veux venir souper avec moi ?", qu'il me demandait, mais dans le fond, ce qu'il disait, c'était : "Viens donc". Une fois dans le stationnement du restaurant, je l'appelais pour dire que j'avais pu me libérer en raison d'un rendez-vous annulé. » Avec beaucoup de tendresse, Gizem se met alors à décrire l'expression de joie qui illuminait le visage du prêtre. Les détails sont précis. Des souvenirs si intenses, me dis-je, qu'ils ne peuvent pas prendre racine dans une simple amitié. C'est le souvenir de la complicité, de l'intimité.

Là, sur le parvis de l'église, Gizem a tant de choses à raconter. Ses idées se bousculent, ses mots s'entrechoquent, il est chamboulé par l'émotion. Notre conversation est sans cesse interrompue par les salutations de ceux qui entrent dans la cathédrale. Tous semblent bien connaître Gizem, qui a fait son entrée dans la vie de l'abbé Gravel il y a quatre ans. Je prends congé de lui, afin qu'il puisse accorder du temps à tous ceux et celles qui souhaitent le saluer. C'est qu'il sera fort occupé aujourd'hui : Raymond Gravel lui a confié la gestion des célébrations funèbres. « Raymond, tu ne fais vraiment jamais rien comme les autres. Tu as confié tes funérailles à un musulman!» lance Gizem sur un ton badin, entre deux effusions de larmes.

# Le grand départ

**15 août 2014**

*Raymond était un être de relations,*
*qui avait besoin d'aimer et d'être aimé,*
*de se sentir utile, de produire quelque chose*
*et d'être reconnu.*

Pour la cérémonie, Raymond Gravel avait tout prévu, sauf, peut-être, le temps gris et froid de cette journée de la fin août, lui qui préférait la chaleur et les rayons du soleil. Gizem, son fidèle allié, veille au grain et s'assure que tout se déroule rondement. D'un pas rapide, il va d'un point à un autre, distribuant les poignées de mains, le plus souvent le sourire aux lèvres, comme s'il était grisé par le moment. Il y a tant à faire, la tristesse attendra un peu. Tout ira comme sur des roulettes.

La cathédrale était déjà pleine à craquer, bien avant que la cérémonie ne commence. Je m'assois dans l'herbe, pour écouter la messe diffusée sur l'écran géant placé à l'extérieur. «Dans une famille, il y en a toujours un qui a besoin de plus d'attention que les autres, lance l'évêque de Joliette, Gilles Lussier, en faisant éclater la foule de rire. Il y a vingt-huit ans, j'ai fait la connaissance de ce jeune prêtre dont on ne savait pas trop quoi faire. On l'a envoyé étudier à Rome.» L'apprivoisement du mystère de la personnalité est la quête d'une vie, ajoute monseigneur : «Mais Raymond savait que la personne n'est pas un vide que l'on peut remplir. Elle est plutôt une plénitude à découvrir.»

Je n'ai assisté qu'à deux messes célébrées par l'abbé Gravel. Mais chaque fois, c'est lors du sermon, de l'homélie, qu'il me semblait le plus à son aise. En se basant sur les Saintes Écritures et en les actualisant, le prêtre arrivait à livrer son message, à exprimer ses convictions. C'est là qu'il prônait aussi ses valeurs d'ouverture et de tolérance. Aujourd'hui, c'est à celui qui l'a accueilli pour la première fois dans une paroisse, l'abbé Pierre-Gervais Majeau, que revient la responsabilité de prononcer l'homélie. C'est guidé par un mélange de peine et d'admiration, qu'il s'élance pour ce dernier hommage à son ami : «Raymond a toujours dénoncé les injustices, au risque d'être dénoncé lui-même. Il allait à la rencontre des exclus et a lutté pour la place des personnes homosexuelles dans l'Église. Ce qui importait, pour Raymond, ce n'était pas le dogme, mais la foi évangélique, la promotion des valeurs chrétiennes. »

Alors que la cérémonie tire à sa fin, monseigneur Lussier reprend la parole : «Quand je prépare les funérailles d'un prêtre, je regarde toujours son dossier d'employé dans les registres de l'évêché. D'habitude, ils ne sont pas très volumineux, mais celui de Raymond prend un demi-tiroir de classeur à lui seul», lance l'évêque de Joliette, à la blague. Une blague qui fait rire de bon cœur tous ceux qui connaissaient l'abbé. L'évêque retrouve son sérieux avant de poursuivre. «Raymond était un être de relations, qui avait besoin d'aimer et d'être aimé, de se sentir utile et d'être reconnu. Notre espérance, maintenant, est que ses besoins soient totalement comblés lorsqu'il arrivera face à face avec celui qui est source de tout amour. »

Seules quelques gouttelettes sont tombées du ciel pendant la célébration. Le soleil s'est même pointé le bout du nez quelques fois. Je me rappelle l'image mentale que je m'étais faite de la cérémonie, en janvier, lorsque l'abbé disait avoir déjà tout préparé. La dépouille est amenée dehors sous les applaudissements de la foule, puis la cathédrale, pleine à craquer, se vide tranquillement, alors qu'une sorte de belle tristesse flottait dans l'air. Après de longues minutes, le cortège funèbre se met en marche, encore sous les applaudissements nourris.

C'est beau.

Il y avait un peu de monde à vos funérailles, monsieur Gravel.

Il y avait un peu de monde...

# Gizem

**18 novembre 2014**

*Je pense que j'ai été une âme sœur pour lui.*
*Raymond ne pouvait pas appartenir à une seule personne.*
*Il avait des engagements plus grands que tous les amours :*
*envers son Église et envers son pays.*
*Il n'a jamais fait de compromis sur ces deux sujets-là.*

Trois mois après le décès de Raymond Gravel, je rencontre Gizem dans son condo de l'est de Montréal; je lui rapporte des photos qu'il m'a prêtées pour la préparation de ce livre. Je lui demande si je peux le questionner dans le cadre de cet ouvrage. Il accepte, en ne posant qu'une condition : que je ne l'identifie pas. J'ai donc changé son prénom. Puis, je lui ai demandé de me parler de son ami. Il ne faut que quelques instants pour que *Pacha*, le chat de l'abbé Gravel, dont il a maintenant la garde, se pointe le bout du nez.

Ils se sont rencontrés de manière fortuite, en 2010. Arrivé de Turquie dix ans plus tôt, Gizem se promenait à Montréal par un dimanche de février, quand il est entré dans une église, «par simple curiosité religieuse», dit-il. Cette église, c'est l'église Saint-Pierre-Apôtre située dans le quartier gai de Montréal. À l'intérieur, en chaire, Raymond Gravel défendait la cause de Gaza dans son sermon. Les deux hommes échangent leurs coordonnées après la cérémonie[1].

Le catholique et le musulman se lient alors d'une amitié «instantanée et intense», se rappelle Gizem. Assez pour que Raymond Gravel demande à son nouvel ami d'acheter

---

1 Selon d'autres sources, la rencontre entre les deux hommes aurait bel et bien eu lieu dans le quartier gai, mais plutôt dans un bar.

une maison avec lui, moins d'un an plus tard. L'abbé Gravel a finalement fait seul l'acquisition de la propriété, mais l'a léguée à son ami lors de son décès, révèle l'héritier. «Je crois que c'était la première fois que Raymond était choisi par quelqu'un. C'était toujours lui qui décidait de continuer à côtoyer quelqu'un ou non. Il avait une manière très simple d'éloigner les gens, mais ce n'était pas applicable avec moi.» Bien assis sur le divan, Gizem est intarissable au sujet de son ami. Il parle de l'amour qu'il ressent toujours pour Raymond : «Si on compare l'amour que nous avions l'un envers l'autre, mon amour était une goutte d'eau, et le sien, l'océan. Alors, quelqu'un qui t'aime avec une telle intensité, comment peux-tu ne pas répondre? C'est impossible! On ne rencontre pas une personne comme Raymond deux fois dans la vie. Moi, j'ai été parmi les chanceux.»

Gizem ajoute que Raymond lui a apporté un soutien inconditionnel, que sa propre famille ne lui avait jamais accordé : «J'aurais pu commettre le pire crime sur la Terre, Raymond m'aurait accepté quand même, tel que j'étais.» Bien avant la maladie qui a affligé l'abbé Gravel, c'est lui qui s'assurait que tout soit en ordre dans la petite maison en bordure de la rivière L'Assomption. Il participait à des travaux de rénovation, il faisait mille et une emplettes pour qu'on n'y manque de rien. Par la suite, Gizem a assisté son ami en le conduisant à ses engagements et en gérant sa correspondance. Il était donc tout naturel pour lui de se porter à son chevet lorsque le cancer s'est déclaré. Il soutient qu'il était le seul à pouvoir jouer ce rôle : «Je m'occupais de ses soins, je le changeais au besoin. Raymond ne l'aurait pas accepté de quelqu'un d'autre. Il savait que moi, même si je voyais tout, je ne regardais pas. Le respect de pouvoir compter sur l'autre à cent pour cent. J'étais le mieux placé pour connaître ses désirs les plus intimes. » C'est Gizem qui s'assurait que les chaussures de l'abbé Gravel soient bien cirées, qu'il porte des chemises propres et bien repassées. Je me dis qu'il a été, pour Raymond Gravel, ce que bien des femmes ont été pour plusieurs prêtres dans les presbytères d'antan.

Cet amour dont parle Gizem dépasse de beaucoup la simple amitié. Formaient-ils un couple ? Je dirige tranquillement les questions dans cette direction. Se sont-ils déjà fait questionner à ce sujet ? « On ne l'a jamais demandé directement à moi ou Raymond. Si les gens ont pensé ça, on ne peut pas mettre de serrure sur leurs pensées. Raymond, c'était un homme de Dieu, un homme de l'Église et il a toujours respecté ses engagements. S'il a aimé, s'il a détesté, ça a toujours été dans les limites de sa croyance », m'explique son ami. Partager sa maison avec un autre homme, ça n'a rien de répréhensible dans la culture musulmane, m'indique Gizem. « Rester avec une fille hors mariage, là, c'est mal vu », lance-t-il, avant de s'esclaffer.

Trois mois plus tard, la peine d'avoir perdu son ami est toujours très vive. Gizem me dit qu'il n'a pas encore accepté la mort de l'abbé Gravel. « C'est comme si on m'avait coupé un membre. Il n'y est plus mais je le sens encore. J'ai perdu tous mes moyens. Le départ de Raymond, je n'ai pas réussi à l'encaisser encore. » À travers son débit qui ralentit, on sent percer un vide. Je n'arrive toujours pas à cerner la relation qu'entretenaient les deux hommes. Il ne faut pas voir Raymond Gravel comme s'il était une personne comme les autres, et ça inclut ses amitiés et ses relations avec les autres, m'explique son ami : « Avec moi, c'était vraiment exclusif, mais accepter que quelqu'un pénètre dans son monde intime, ce n'était pas Raymond. » À son arrivée au pays, Gizem ne parlait ni français ni anglais, m'a-t-il confié. Il cherche parfois la bonne façon pour exprimer ses idées. Si bien qu'à la fin de notre conversation, je ne sais trop quel message il voulait m'adresser lorsqu'il a prononcé cette phrase : « Si la personne veut ou ne veut pas dire quelque chose, ou le dire autrement, c'est parce qu'il veut le garder pour lui. » C'est à ce moment que j'ai cessé de poser des questions. La relation qui unissait ces deux personnes ne regarde qu'elles et je n'ai pas à la comprendre.

Gizem ne sait plus trop ce qu'il fera maintenant. Il envisage de retourner dans son pays natal : « Avec le départ de Raymond, tout est changé. Comme on dit : on fait des plans, mais le Bon Dieu rit de ça. » Alors que je m'apprête à partir, Gizem me raconte un énième souvenir de Raymond, celui-là très intime. « Kouban », le surnomme-t-il alors. Je lui demande quel est le sens de cette expression : « C'est un mot qu'on emploie pour quelqu'un qu'on aime vraiment. Ça veut dire que je suis arrivé à un niveau de reconnaissance tel, que je pourrais sacrifier même ma vie pour lui. » Je n'ai jamais trouvé la référence exacte, mais *kurban* est parfois employé par les Turcs pour désigner un être cher. Il y a aussi cet autre mot : *çoban*, emprunté à la langue perse, pour désigner un berger, un guide.

# Note au lecteur

Cette histoire est celle de la lutte de Raymond Gravel contre le cancer, telle que j'ai pu en être témoin. J'ai rencontré l'abbé Gravel à une quinzaine de reprises, d'octobre 2013 jusqu'à son décès. Au fil de nos entretiens, Raymond Gravel a toujours conservé son franc-parler, ne se censurant jamais. Nos échanges étaient enregistrés et jamais il ne m'a demandé d'arrêter l'appareil. Il n'a pas cherché à avoir quelque droit de regard sur mon travail.

# Biographie sommaire

## 1952

**4 novembre**

Raymond Gravel voit le jour à Saint-Damien-de-Brandon, dans Lanaudière. Fils d'Yvon Gravel et de Réjeanne Mondor, il est le quatrième de six enfants, dans une fratrie composée de quatre garçons et deux filles. La famille, qui exploite une ferme laitière, est installée dans le 10e rang du village. Le jeune Raymond n'aime pas le travail sur la terre. Dès son jeune âge, il joue à «faire la messe», lui, dans le rôle du curé, et ses sœurs, dans le rôle des fidèles. Son intérêt pour la religion lui a été transmis par sa mère. La famille Gravel n'est cependant pas à cheval sur les principes religieux, contrairement à beaucoup d'autres à l'époque.

## 1964

Après l'école primaire, qu'il fréquente dans son village natal, Raymond Gravel poursuit ses études secondaires à l'école Sacré-Cœur de Saint-Gabriel-de-Brandon, où l'enseignement est assuré par des frères. Élève studieux, il figure parmi les premiers de classe. À douze ans, il est victime d'abus sexuel de la part d'un des frères. Ses amis et lui se serviront de l'événement pour soutirer de l'argent à l'agresseur. Gravel obtiendra une montre. En 2011, il soutiendra dans *Le Devoir* qu'il était pleinement conscient de ses actes, malgré son jeune âge.

## 1968

En conflit avec son père, autoritaire et violent, le jeune Gravel quitte le domicile familial à l'âge de seize ans. Il passera quelque temps dans une chambre d'hôtel de Saint-Gabriel-de-Brandon, accumulant les petits boulots pour subvenir à ses besoins, tout en continuant ses études secondaires. En quête de travail, il s'installe ensuite à Montréal.

C'est là qu'il commence à consommer des drogues. Il ira jusqu'à l'injection par voie intraveineuse. Grand amateur de *speed*, le jeune Gravel consomme sa poignée quotidienne au travail. Il s'adonne aussi à la vente de stupéfiants. C'est un pharmacien qui l'approvisionne. Un ami d'enfance, avec qui il cohabite alors, le dénoncera aux policiers pour le sortir de la dépendance.

En ville, il lui est possible de vivre son homosexualité. On lui connaît plusieurs aventures pendant cette période ; Raymond Gravel s'adonne à la prostitution, d'abord pour une agence, puis à son propre compte. Il lui arrivera d'aller « faire un client » pour payer la tournée au bar, le soir venu, ou pour remplir le réservoir d'essence de la voiture d'un ami. Sa carrière d'escorte prend fin après qu'un client l'eut battu et envoyé aux soins intensifs. Avant même de cesser de se prostituer, le jeune homme commence à travailler dans une institution financière.

## 1970

À dix-huit ans, Raymond Gravel assiste à un discours de René Lévesque au Forum de Montréal, dans le cadre de la campagne électorale. L'événement confirme ses tendances souverainistes. Lors des messes célébrées le vingt-quatre juin, il portera une étole bleue, arborant la croix chrétienne d'un côté, et la fleur de lys de l'autre.

## 1976

Raymond Gravel devient barman. Il sert dans quelques bars gais, dont le *Limelight* et le *Rendez-vous*. Sa générosité s'exprime aussi derrière le comptoir, alors qu'il financera le retour aux études de deux jeunes clients décrocheurs. Encore grand consommateur de drogues, il passe des nuits entières sur le plancher de danse du *Limelight* lorsqu'il est en congé.

## 1977

À vingt-cinq ans, Raymond Gravel décide de changer de vie. C'est en prêtant l'oreille aux nombreux clients que l'envie de devenir prêtre lui revient. Il complète son collégial au cégep Marie-Victorin et au cégep du Vieux-Montréal, puis son baccalauréat en théologie à l'Université de Montréal.

## 1981

Raymond Gravel réalise plusieurs stages pastoraux dans des paroisses et des écoles de Lanaudière. Sa vie d'homme d'Église se concrétisant, il cesse de consommer des amphétamines du jour au lendemain.

## 1982

Raymond Gravel entreprend une maîtrise en théologie pastorale et fait son entrée au Grand Séminaire de

Montréal. Le séminariste ne complétera pas sa formation. Il n'aime pas le carcan imposé aux jeunes prêtres en devenir. Il pourra malgré tout être ordonné, en raison de ses études universitaires en théologie.

## 1986

Le vingt-neuf juin, Raymond Gravel est ordonné prêtre à l'église de son village natal, à Saint-Damien-de-Brandon. Il est nommé prêtre-vicaire à Saint-Joachim-de-la-Plaine. Dès cette période, le jeune prêtre se fait remarquer par son caractère franc et parfois bouillant.

## 1987

Raymond Gravel est nommé prêtre-vicaire à Berthierville. Exigeant, il porte une grande attention à la qualité des célébrations. En collaboration avec le curé, il épure considérablement la liste des personnes appelées pour faire la lecture lors de la messe, pour ne garder que les lecteurs les plus talentueux, auxquels on offrira des cours de perfectionnement. Lors de son passage de deux ans à Berthierville, il sera également aumônier des pompiers de l'endroit.

## 1989

Raymond Gravel est muté à Mascouche, où il devient vicaire des deux paroisses de la ville. Il apprécie beaucoup l'endroit et il participe à plusieurs reprises à l'organisation des célébrations de la fête nationale.

## 1991

Raymond Gravel entreprend une seconde maîtrise en interprétation de la Bible. Le jeune prêtre s'envole donc vers l'Italie. Les recherches de l'abbé Gravel portent sur la virginité de Marie selon les évangiles de Luc et de Mathieu. Il revient au Québec en 1992 pour rédiger son mémoire, sous la direction du professeur André Myre.

## 1993

Raymond Gravel devient aumônier des pompiers de Mascouche, une fonction qu'il occupera jusqu'à sa mort.

## 1994

Raymond Gravel est nommé curé à Saint-Calixte-de-Kilkenny. Seul dans le grand presbytère de la paroisse, il tente de mettre sur pied une maison d'hébergement pour des personnes atteintes du sida, maladie alors encore assez méconnue. Le presbytère se trouve à proximité de l'école du village et le projet suscite de nombreuses craintes. Il devient aumônier des pompiers de Montréal et des policiers de Laval.

## 1998

L'abbé Gravel dépose son mémoire, intitulé *La conception de Jésus : Recherche d'historicité dans les récits d'enfance matthéen et lucanien.* «Dire que le processus de la conception de Jésus est court-circuité par l'intervention de l'Esprit Saint sur le plan biologique, c'est risquer de dire aussi que Dieu ne peut se reconnaître dans l'acte le plus beau, le plus noble et le plus grand dont il a doté l'humanité : celui de la procréation», écrit le candidat à la maîtrise, qui recevra son titre quelques semaines plus tard.

## 2002

Raymond Gravel retourne dans la paroisse de Saint-Joachim-de-la-Plaine, cette fois-ci à titre de curé. L'année 2002 est marquée par un événement important sur le plan personnel : le décès de son père en avril, âgé de soixante-seize ans. Les deux hommes auront toutefois le temps de faire la paix et de régler leurs conflits.

## 2003

En août, Raymond Gravel dénonce publiquement la position de son Église concernant le mariage gai. Le prêtre fait parvenir une lettre ouverte à *La Presse*. Après cette première dénonciation publique de l'Église, le prêtre devient une personnalité médiatique dont l'avis sera fréquemment sollicité.

## 2004

Le deux juin, lors de la deuxième édition de la Journée nationale de la lutte contre l'homophonie, la fondation Émergence décerne le prix Lutte contre l'homophobie à Raymond Gravel parce qu'il appuie le mariage gai et qu'il dénonce la décision de l'Archevêché de Montréal d'imposer des tests de dépistage du VIH aux futurs prêtres.

## 2005

**Avril**
Raymond Gravel est invité sur le plateau de la populaire émission *Tout le monde en parle* à Radio-Canada parce qu'il appuie le mariage gai.

## 2006

Le vingt-neuf octobre, Raymond Gravel remporte sans opposition l'investiture du Bloc québécois dans la circonscription de Repentigny ; il succédera au député Benoît Sauvageau, décédé dans un accident de la route. Le prêtre devient facilement député au terme d'une partielle. Aux communes, il sera porte-parole de son parti pour les questions touchant les aînés. Le nouveau député s'ennuiera rapidement de ses ouailles, trouvant le système parlementaire parfois plus rigide que celui de l'Église.

## 2008

Le trois septembre, Raymond Gravel annonce qu'il ne sera pas candidat aux prochaines élections fédérales. La frange conservatrice du clergé lui reproche son opposition à un projet de loi conservateur qui aurait conféré un statut juridique au fœtus et son appui au Dr Henry Morgentaler. Peu de temps après avoir quitté la politique, il est nommé prêtre remplaçant au diocèse de Joliette et chroniqueur au *Journal de Montréal*. Ses écrits seront publiés encore quelque temps après le début du lock-out des employés.

## 2009

Le trois mars, au complexe funéraire des Trembles, dans l'est de Montréal, Raymond Gravel célèbre les funérailles d'Olivier et d'Anne-Sophie, les enfants d'Isabelle Gaston et de Guy Turcotte, tués par leur père dans la nuit du vingt au vingt et un février à Piedmont, dans les Laurentides. Le prêtre adressera une prière aux victimes pour les implorer d'éclairer le chemin de leur père dans les ténèbres. Après les funérailles, l'abbé Gravel saluera la force de caractère d'Isabelle Gaston. Il rencontrera l'ex-cardiologue à l'Institut Philippe-Pinel, quelques jours plus tard.

## 2010

En mai, Raymond Gravel dénonce les propos du cardinal Marc Ouellet, alors primat du Canada et archevêque de Québec, lequel a déclaré « que rien, pas même le viol, ne justifie l'avortement ».

## 2011

Raymond Gravel intente une poursuite en diffamation de cinq cent mille dollars contre le site internet Lifesitenews et l'association Campagne Québec-Vie ; il se dit victime d'une campagne de salissage amorcée en 2003. Le site internet et le regroupement l'ont identifié comme étant un « partisan catégorique de l'avortement », qui « louange Henry Morgentaler ». Les démarches se concluront par un règlement à l'amiable en 2013.

Quelques jours après les élections fédérales du deux mai, où une vague néo-démocrate déferle sur le Québec, Raymond Gravel fait part de sa consternation à un journal hebdomadaire de Repentigny. Quelques jours plus tard, il nuancera ses propos.

L'abbé Gravel se prononce contre le règlement à l'amiable de dix-huit millions de dollars, intervenu en octobre entre les frères de Sainte-Croix, propriétaires de l'oratoire Saint-Joseph, et deux cent six victimes d'agressions sexuelles survenues dans les écoles administrées par la congrégation. L'abbé estime que l'entente ouvre une boîte de Pandore qui pourrait faire disparaître plusieurs communautés religieuses au Québec.

Raymond Gravel célèbre les funérailles du géant de la chanson québécoise, Claude Léveillée, à la basilique Notre-Dame de Montréal, le dix-huit juin. Dans la dernière année de la vie du chanteur, le prêtre est allé à sa rencontre à plusieurs reprises, alors que l'artiste souhaitait renouer avec l'Église, qui l'avait profondément blessé au cours de sa vie.

Le cinq juillet, après deux mois et demi de procès et six jours de délibérations, un jury déclare Guy Turcotte non criminellement responsable du meurtre de ses deux enfants, commis en 2009. La population est en colère. Quelques jours plus tard, Raymond Gravel écrit une lettre ouverte qui dénonce ce qu'il estime être un désir de vengeance démesuré.

## 2012

En décembre, Guy Turcotte obtient sa libération de l'Institut Philippe-Pinel à la suite d'une décision de la Commission d'examen des troubles mentaux. La nouvelle cause une grande vague d'indignation dans la population. Son ex-conjointe, Isabelle Gaston, et le sénateur conservateur Pierre-Hugues Boisvenu dénoncent la décision de la commission. L'abbé Gravel réplique dans une lettre ouverte.

## 2013

Affligé d'une toux persistante et de douleurs au dos depuis plusieurs mois, Raymond Gravel apprend en août qu'il est atteint d'un cancer du poumon au stade quatre. Des métastases se sont logées sur ses os. On lui donne trois mois à vivre s'il ne se soumet à aucun traitement, six mois dans le cas contraire. Il a soixante ans.

### 3 Novembre
Raymond Gravel fait une apparition sur le plateau de *Tout le monde en parle*, aux côtés de la ministre Véronique Hivon, pour appuyer le projet de loi n° 52, concernant les soins de fin de vie, mieux connu sous le nom de *Mourir dans la dignité*.

Comme chaque année depuis qu'il a été ordonné prêtre, Raymond Gravel célèbre la messe de minuit. La cérémonie se déroule à la cathédrale Saint-Charles-Borromée de

Joliette. Le prêtre dénonce la Charte des valeurs pilotée par le Parti québécois dans son sermon.

## 2014

Raymond Gravel apprend, en février, que son cancer a progressé. Le premier cycle de traitement de chimiothérapie ne fait plus effet. Il doit se soumettre, pour la première fois, à des traitements de radiothérapie.

### Avril

Revigoré par les traitements de radiothérapie, Raymond Gravel est cependant tourmenté par les élections provinciales. Souverainiste de longue date, il s'oppose à la Charte des valeurs, proposée par le Parti québécois, lui qui est un souverainiste de longue date. S'il jongle quelque peu avec l'idée d'accorder son vote à un autre parti, il appuiera malgré tout le PQ, représenté par Véronique Hivon dans la circonscription de Joliette, et participera à certaines de ses assemblées partisanes.

Gravement malade, Raymond Gravel est hospitalisé en juin à l'hôpital Saint-Charles-Borromée. Les médecins lui annoncent qu'il vit vraisemblablement son dernier été. Il rentre chez lui après une dizaine de jours. Malgré une santé plus fragile, il participe aux célébrations de la fête nationale à Joliette, le vingt-quatre juin, et célébrera la messe à la cathédrale Saint-Charles-Borromée. Il s'attaque au cardinal Ouellet dans son sermon, ce qui lui vaudra des remontrances pour la dernière fois.

Le quatorze juillet, les pompiers et la Ville de Mascouche donnent le nom de l'abbé Gravel à leur nouvelle caserne : l'Édifice Raymond-Gravel. Il s'agit d'une entorse volontaire aux règles officielles de la Commission de toponymie du Québec, stipulant qu'une personne doit être décédée depuis un an avant que l'on puisse donner son nom à un édifice ou à une rue. Dix jours plus tard, Raymond Gravel est hospitalisé pour une deuxième fois à l'hôpital Saint-Charles-Borromée.

**1er août**

Raymond Gravel reçoit une courte permission de sortie de l'hôpital. Il est très affaibli et la médication le rend confus.

Le cinq août, l'homme d'Église fait son entrée aux soins palliatifs de l'hôpital Saint-Charles-Borromée.

Entouré de ses proches, Raymond Gravel rend l'âme à l'hôpital régional de Lanaudière, le onze août, à l'âge de soixante et un ans, un peu moins d'un an après avoir reçu son diagnostic de cancer aux poumons.

La dépouille de Raymond Gravel est exposée en chapelle ardente à la cathédrale Saint-Charles-Borromée de Joliette.

Les funérailles sont célébrées à la cathédrale Saint-Charles-Borromée de Joliette le quinze août. Des centaines de personnes y assistent, dont de nombreuses personnalités politiques. La dépouille est inhumée au cimetière Saint-Pierre de Joliette, où une plaque au sol, toute simple, indique l'emplacement de sa tombe.

# Remerciements

L'écriture de ce livre n'aurait pas été possible sans plusieurs personnes que je tiens à remercier.

D'abord merci à Raymond Gravel, où qu'il soit – ou non ! – pour sa franchise et pour cet accès privilégié à son univers au crépuscule de sa vie.

Merci, à Marie-Pierre Clavette de m'avoir donné le coup de pied initial qui m'a incité à me mettre à la tâche. À Karine Vachon, pour son regard toujours aussi pertinent et pour m'avoir orienté dans ce nouvel univers. Merci à Martin Balthazar, de m'avoir fait saisir l'intérêt d'un tel ouvrage.

Je ne sais trop comment trouver les mots justes pour remercier Geneviève Thibault, qui m'a apporté mille et un conseils. Geneviève, je te dis simplement merci de m'avoir appris à mieux écrire. À Pierre Lavigne, mon éditeur, pour son honnêteté, son ouverture et son appui rapide à ce projet inopiné.

J'ai commencé à travailler sur cette histoire lors de mon passage à La Presse et je me dois de remercier mes anciens confrères et anciennes consœurs. D'abord, merci à mon amie Ninon Pedneault. Heureux d'avoir pu raconter en partie cette histoire avec toi, mais encore attristé que nos chemins se soient séparés en cours de route.

Un remerciement très spécial à Maxime Bélisle, ancien confrère et toujours ami, pour cet immense talent qui lui permet de saisir toutes les nuances d'une seule histoire. Salutations distinguées à Mathieu Waddell et Frédéric Lafleur, qui ont également contribué à ce projet. Merci à Martin Tremblay et à Mario Girard pour leur confiance. Merci aussi à Martin Pelchat, Jean-François Bégin, Malorie Beauchemin et Marie-Claude Mongrain pour leur jugement aiguisé et pertinent.

Merci à mes anciens collègues et aux amis rencontrés au fil de la route, qui me manquent beaucoup trop et avec qui je partage une tonne de souvenirs. Merci à ceux et celles qui m'ont fait confiance et donné la chance d'exercer cette profession. Merci également à ceux et celles qui ont accepté de me raconter leur histoire, parfois dans la joie, parfois dans la tristesse.

Merci à Simon-Olivier Lorange et David Patry-Cloutier, estimés collègues des belles années du journal étudiant de l'Université de Sherbrooke (Longue vie au Collectif!). Merci pour vos relectures, vos conseils et votre amitié indéfectible. Merci à Olivier Jean, pour avoir su me tirer d'entre mes quatre murs et m'aérer l'esprit. Merci à Anne-Marie Binette, pour les discussions de parc et les nombreuses idées de projets qui flottent dans les airs.

Merci à mes parents, mes proches et à ma famille, sans qui ce livre n'aurait jamais été écrit.

Merci à toutes ceux et celles que j'aurais pu involontairement oublier ici.

Enfin, merci à vous, de vous être intéressé à cette histoire.

Amitiés,

Carl Marchand
Sherbrooke, le 22 janvier 2015.
carl.marchand@gmail.com

# Table des matières